★成功经理人365天管理笔记系列(服务业经理人)

酒店财务经理

365天管理笔记

时代华商管理培训中心◎策划

滕宝红◎主编

◆采用“一日管理 + 一周管理 +一月管理+ 季度管理+ 全年管理”编写风格，图文并茂、形式活泼。

◆内容阅读采用PDCA循环法，通过时间安排、工作重点、管理方法、管理心得四个部分为一个完整循环的学习方式进行导读。

◆本丛书编排新颖，思路清晰，是企业经理人不可多得的管理用书。

作为一本职业经理人的学习管理笔记，该书能指引经理们每天有计划地安排时间，认真记下工作中的琐事，再把自己想做的事情、计划做的事情、没有解决的问题记录下来，并定期检视，从而使他们成为一名成功的经理人。

廣東省出版集團

广东经济出版社

图书在版编目（CIP）数据

酒店财务经理365天管理笔记／时代华商管理培训中心策划，滕宝红主编．—广州：广东经济出版社，2012.9
（成功经理人365天管理笔记系列．服务业经理人）
ISBN 978－7－5454－1387－8

Ⅰ．①酒…　Ⅱ．①时…　②滕…　Ⅲ．①饭店—财务管理　Ⅳ．①F719.2

中国版本图书馆CIP数据核字（2012）第155383号

出版发行	广东经济出版社（广州市环市东路水荫路11号11～12楼）
经销	全国新华书店
印刷	深圳市建融印刷包装有限公司（深圳市罗湖区梨园路104号3楼东）
开本	787毫米×1092毫米　1/16
印张	11
字数	198 000字
版次	2012年9月第1版
印次	2012年9月第1次
印数	1～5 000册
书号	ISBN 978－7－5454－1387－8
定价	25.00元

如发现印装质量问题，影响阅读，请与承印厂联系调换。
发行部地址：广州市环市东路水荫路11号11楼
电话：（020）38306055　38306107　邮政编码：510075
邮购地址：广州市环市东路水荫路11号11楼
电话：（020）37601950　邮政编码：510075
营销网址：http：//www.gebook.com
广东经济出版社常年法律顾问：何剑桥律师
·版权所有　翻印必究·

前 言

作为酒店中坚力量的部门经理，在酒店中起到承上启下的作用，他们的职业素质、管理能力和领导能力决定了酒店发展的速度，决定了酒店能否培养出一支优秀的员工队伍，决定了能否有效达成酒店经营目标和提高业绩。

部门经理是酒店的执行者，由于各种原因，在管理工作中会出现许多问题：要么出现缺乏规划，没有重点，看起来每天都很忙，但不知在忙什么，忙得没有效果；要么执行力严重缺乏，领导的意图总是贯彻不到位或未及时落实；又或者不懂得设定目标，没有掌握达成目标的有效方法等。

出现这些问题的根本原因是，酒店部门经理不会在年初作规划，不会在季初、月初、周初做计划，不会合理地安排下属的工作，不会合理地运用自己每天的时间，不会有效地跟进部门各项工作，不会在月末、季末、年末的时候作总结报告。当然，还有一些新上任的部门经理甚至不知道自己该在什么时候作计划、该在什么时候跟进工作、该在什么时候写总结，而只是被动地听从上级安排，这自然不是一个优秀的部门经理应有的表现。

针对酒店部门经理的困境，我们设计了“成功经理人365天管理笔记”系列丛书的酒店服务业，旨在引导部门经理们每日、每周、每月、每季、每年（年末）应当做的事情及做这些事情的方法、技巧及应用的表格、表单和工具。

“成功经理人365天管理笔记”系列丛书酒店服务业目前主要涵盖6个管理岗位，包括前厅经理、客房经理、餐饮经理、营销经理、财务经理、连锁酒店店长。

“成功经理人365天管理笔记”系列丛书酒店服务业编排新颖，思路清晰，是酒店经理人不可多得的管理用书。该系列丛书打破传统书籍的理论讲述，不讲为何做，而讲怎样做，注重实操性。书中提供大量工作总结、工作计划范例以及可以直接运用到实际工作中的表单。

为了方便读者学习，本书在一些重点内容，或需要注意的内容旁增加了“特别提示”栏目，方便读者注意重点、要点，加深学习印象。同时，本书在页面的右方设置了“随手札记”，供读者随时记录学习心得。请不要将这些表格忽略，要认真投入思考并记录下来，这绝对会有助于各方面能力的提升。

作为一名部门经理，本书可让部门经理们通过每天有计划的时间安排，记录工作中的琐事，通过找方法，一步一步解决问题，再把自己想做的事情、计划做的事情、没有解决的问题记录下来，去寻找解决的办法，定期检视，使自己成为一名成功的经理人。

“成功经理人365天管理笔记”系列丛书酒店服务业适用于酒店部门经理、主管、领班，新入职的大中专学生，管理培训机构，职业管理院校的学生等阅读，也可作为管理人员的手边工具书使用。

“成功经理人365天管理笔记”系列丛书酒店服务业由时代华商管理培训中心策划，参与机构有北京京都黄河酒店管理（投资）集团公司、北京凯悦莱温泉度假酒店、深圳上海宾馆、秦皇岛四川大酒店、山西同汇酒店管理有限公司以及薛永刚、孙勇兴、方辉、赖娇珠、段青民等专家和酒店一线管理人员，全书最后由滕宝红统稿、审核完成。

当然，本系列丛书也有不足之处，希望广大读者对我们提出宝贵意见。在此，我们所有编者对您的关注予以真诚的感谢！

“成功经理人365天管理笔记”系列丛书

编委会

目　录

导读　365天管理阶段工作

第一章　一日工作安排与落实

忙！忙！忙！

忙些啥？

忙着审批酒店各项支出，忙着检查各部门每日报表，忙着分析酒店每日应收账款，忙着与税务部门打交道，忙着制订本部门培训计划，忙着准备部门员工绩效考核……

作为财务经理的你，是不是处于以上所述盲目的忙碌状态呢？如果是，那么你就需要做好每天的工作计划了，只有按照详细计划一步步进行，才能条理清晰而不至于在手忙脚乱中出差错。相信通过本章的学习，你一定能摆脱这种忙碌的困境！

第二章　一周工作安排与落实

新的一周开始了，该怎样来做好你一周的工作呢？仔细想想，本周有哪些主要工作：有好几笔款要催收，有两个收银员离职要办理交接手续，有几份财务报表到最后期限了要呈交，企业税务政策有变化得向税务机关的工作人员了解一下，还有，要与餐饮经理一起制定采购成本管理方案……

惨啦！事情这么多，怎样才能理清呢？首先看一看，哪些必须在第一时间内完成，哪些可以稍微往后延……

如果你每周正处于这种忙碌"晕"的状态，那就要做好一周工作安排与落实。通过本章学习，相信你一定可以远离这种状态，从而让工作更加有条理，更加轻松愉快！

第三章　月度工作安排与落实

月初，闲，闲得发慌！

月末，忙，忙得发晕！

很多人对财务部都有这个印象，财务人员月初、月中闲得慌，到月底则忙得团团转，有时连着一个星期加班，结果各项财务报表还是出不来。

那么，如何使财务部一月的工作均衡化，井然有序，松弛有度呢？

第四章　季度工作安排与落实

对于季度工作的安排，属于宏观性的，财务经理要对一个季度的重点事项做到心中有数。才能按照季度安排好每月、每周甚至每一天的工作。

作为财务经理，主要是根据财务工作的特点来安排每一个季度的工作，比如说，有的酒店每一个季度要做一次清理挂账，有的酒店是一个月报一次酒店所得税……这些工作有时候要在法律法规规定的时间内完成，而酒店内部，则可能会有一些突发性的事件要处理，不管怎样，要想让自己能够从容应对，就必须事先将每一季度的工作进行合理安排。

第五章　年度工作安排与落实

年底了，财务部那个忙啊！

走起路来脚底像生风，吃饭像赶火车似的，晚上10:00了，办公室还灯火通明，各位同事还埋头在各种数据之中，连晚上睡梦中，还想着财务报表……

年底的工作事项繁杂，要盘点、要清算、要结账、要收款、要付账；各种报表要汇总，各种会计报告要完成，而且都有规定的完成日期；还有年终绩效考核、年度部门工作总结、个人述职报告……

其实，不用这么忙，只要把工作安排好了，一切都会井然有序，既轻松又高效！

导读

365天管理阶段工作

一、一年365天的时间分配

一年365天，时间是有限的，要怎样进行合理分配？作为财务经理，这是一个必须要考虑的问题。

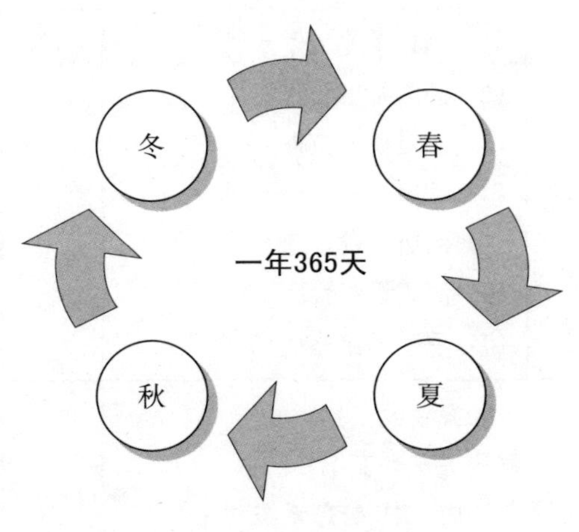

图1　一年365天循环图

二、国家法定节假日

财务经理要对时间进行合理分配，首先要明确一年中的国家法定节假日。因此，可以先将一年中的国家法定节假日分列出来。一年中常规的国家法定节假日如表1所示。

表1　国家法定节假日

序号	假日名称	放假天数	日期
1	元旦	1天	1月1日
2	春节	3天	农历除夕，正月初一、初二
3	清明节	1天	4月5日
4	劳动节	1天	5月1日
5	端午节	1天	农历端午当日
6	中秋节	1天	农历中秋当日
7	国庆节	3天	10月1～3日

三、工作时间

工作时间，又称法定工作时间，是指员工为履行工作义务，在法定限度内，在用人单位从事工作或者生产的时间。

（一）工作时间计算

年工作日：365天－104天（休息日）－11天（法定节假日）=250天

季工作日：250天÷4=62.5天

月工作日：250天÷12=20.83天

（二）有效工作时间

有效工作时间就是称职员工完成一件工作的必需时间。如果上班时间为8小时，在通常情况下，大多数员工的有效工作时间是达不到8小时的，必须扣除等待、无意义的闲聊、串岗或处理个人私事的时间。

四、阶段工作法

财务经理可以采用阶段工作法对工作进行安排。什么是阶段工作法呢？这里所说的阶段指的就是一日、一周、一月、一季度、年度各个不同的时间段。

财务经理对每日、每周、每月、每季度和每年度的工作进行安排，做好时间安排，工作事项，对工作进行分阶段总结。

表2　财务经理阶段工作安排

阶段	工作事项	备注	阶段	工作事项	备注
一日	（1）制订当日工作计划 （2）做好每日形象自检 （3）部门早会管理 （4）日常资金支出审批 （5）日常收银业务管理 （6）日常表格编制与管理 （7）日常财务异常情况处理 （8）日常沟通工作 （9）日常文件整理		一周	（1）制订一周工作计划 （2）主持财务部周例会 （3）参加部门经理周例会 （4）收集最新财税信息 （5）担任值班经理 （6）客人账务监督 （7）酒店票据管理 （8）税务登记证年检 ……	
度月	（1）制订月度工作计划 （2）开展部门员工培训 （3）开展银行存款对账工作 （4）申报与缴纳税款 （5）合理避税与减免税申请 （6）员工工资发放 ……		季度	（1）制订季度工作计划 （2）酒店备用金管理 （3）应对税务检查 （4）季度账务核查 （5）酒店融资管理 （6）酒店投资管理 （7）季度工作总结	
年度	（1）制订年度工作计划 （2）制定预算管理制度 （3）坏账损失审批 （4）安排会计人员轮岗 （5）会计档案归档			（6）会计档案销毁 （7）开展税务自查工作 （8）建立酒店 ERP 管理系统 （9）签订财务部安全责任书 ……	

第一章

一日工作安排与落实

忙！忙！忙！

忙些啥？

忙着审批酒店各项支出，忙着检查各部门每日报表，忙着分析酒店每日应收账款，忙着与税务部门打交道，忙着制订本部门培训计划，忙着准备部门员工绩效考核……

作为财务经理的你，是不是处于以上所述盲目的忙碌状态呢？如果是，那么你就需要做好每天的工作计划了，只有按照详细计划一步步进行，才能条理清晰而不至于在手忙脚乱中出差错。相信通过本章的学习，你一定能摆脱这种忙碌的困境！

一、制订当日工作计划

财务经理在制订当日工作计划前，要对当日时间和工作事项进行仔细分析。根据工作事项的紧急性、重要性按先后顺序排列，重要和紧急的最先做，不重要和不紧急的放在最后做，以保证所有事项都能恰当而圆满地完成。

（一）时间清单分析

财务经理将一天的法定工作时间，按照每半小时为一段，进行分段，然后逐项将实际活动事项填入时间清单分析表中，如表1-1所示。在活动事项后面，准确填入该活动事项相应的计划用时、实际用时、超时以及超时原因。

（二）工作事项分析

1.工作清单分析

财务经理分析一个法定工作日内所做的工作事项，各自用时如何，如果超时，则原因在哪里。可列一个表进行明确的分析，如表1-2所示。

表1-1　时间清单分析表

姓名：　　　　　　　　　　　　　日期：

序号	时间	活动事项	计划用时	实际用时	超时	原因
1	8:30～9:00					
2	9:00～9:30					
3	9:30～10:00					
4	10:00～10:30					
5	10:30～11:00					
6	11:00～11:30					
7	11:30～12:00					
8	12:00～12:30					
9	12:30～13:00					
10	13:00～13:30					
11	13:30～14:00					
12	14:00～14:30					
13	14:30～15:00					
14	15:00～15:30					
15	15:30～16:00					
16	16:00～16:30					
17	16:30～17:00					
18	17:00～17:30					
19	17:30～18:00					
	总计					

表1-2　工作清单分析表

姓名：　　　　　　　　　　　　　　日期：

工作事项	计划时间	实际时间	浪费/延误	无计划用时	原因

（1）将所有工作填入工作事项栏内，包括累计用时超过10分钟的工作。如果没有超过10分钟可以不填，但如果这些事项累计时间超过1小时，就要引起重视，应该在分析表中作特别说明。如检查各类财务报表，上午20分钟，下午30分钟，可以将此累计在报表检查这一事项中。

（2）填入具体事项，如“与总经理商量酒店投资管理事宜”，“与餐饮经理共同讨论餐饮成本控制”，“听取部门会计人员对酒店账务核算的汇报工作”，“对酒店运营状况进行分析”等。

特别提示：

只要简单说明浪费、延误的原因即可。如向总经理汇报下个月财务部工作计划，预计30分钟，但由于没有把握好本次汇报用时，结果花了40分钟，超时10分钟。

随手札记

2.工作（活动）分项分析

（1）财务经理可以将工作清单中的同类事项进行合并，然后填入工作分项分析表中，如表1-3所示。

（2）“无计划用时”只计算无计划用时总计数。各项工作活动的无计划用时，是指该项工作活动的实现没有计划时间。

（3）凡是超计划用时或者是记不起来的用时均计入“浪费/延误”中。

（三）制订每日计划表

财务经理根据前面对工作时间和事项分析之后，就可以制订一份个人每日工作计划表。每日计划表可以按照不同标准来制作，如按照时间，工作事项紧急重要性等。

表1-4是某酒店财务经理按照时间做出的每日计划表，仅供参考。

表1-3 工作（活动）分项分析表

姓名：　　　　　　　　　　　　日期：

分析事项	计划用时		实际用时		浪费/延误		无计划用时		原因
	用时	排序	用时	排序	用时	排序	用时	排序	
召开部门早会									
向总经理汇报工作									
检查酒店昨日产生的财务报表									
催促各部门提交预算执行情况表									
上网查阅是否有新的税务政策									
准备酒店减税申请书									
准备酒店员工工资结算									
与前厅经理协商信用卡支付问题									
审查酒店投资情况									
进行财务盘点									
接待政府税务人员									
……									
总计									

表1-4　每日工作计划表

时间		预定工作内容	执行结果
上午	8:30～8:45	参加酒店财务部早会，告知下属当日的工作事项，强调一些重点事项，如税务检查的应对	
	8:45～12:00	1.随时了解税务检查的状况，有些问题自己出面解决 2.与人力资源部经理沟通会计的招聘情况 3.核查银行账户，重点查看供应商的几笔货款是否到账	
中午	12:00～13:00	午餐	
下午	13:00～14:30	1.检查员工下午出勤情况，是否所有人员都准时到齐 2.对应收账款进行账龄分析 3.审批费用支出单	
	14:30～17:00	1.与营销部就相关账款的收取进行沟通，是否要降低某客户的信用级别 2.核查出纳的账目、凭证工作 3.听取下属汇报税务检查的报告 4.参加酒店部门经理例会	
	17:00～18:00	1.审查出纳提交的酒店资金日报表 2.将财务资料及相关文件进行整理 3.对当日的工作进行简要的总结，同时为第二日的早会做一些准备工作 4.下班前的文件整理	

特别提示：

你可以制订一份自己的每日工作计划表，对自己一天的事项进行合理安排。

二、做好每日形象自检

财务经理每天出门之前，要在镜子前仔细照一照，看看自己的形象是否"过关"。良好的个人形象，不仅代表个人，还代表了整个酒店。因此，必须做好每日形象自检工作。

（一）整体形象

个人整体形象示例对比，具体如图1-1所示。

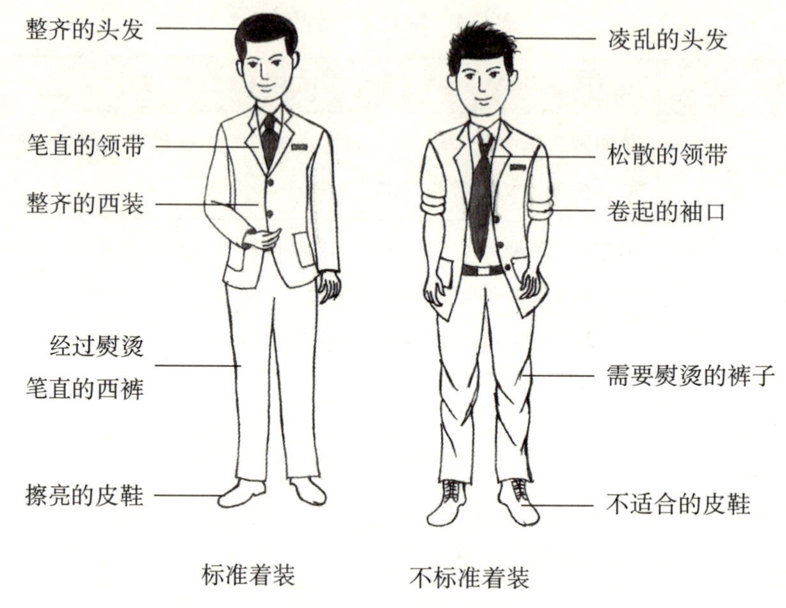

图1-1　整体形象

（二）具体细节

形象往往体现于细节之中，因此要做好各种细节工作。下面列举一些细节事项，请参照对比。

1.头发

不准染发、烫发，头发不要过耳、面部，不要长过领子。清爽的发型、干净的头发更有朝气

图1-2　头发

2.胡须

不蓄胡须

图1-3　胡须

3.牙齿

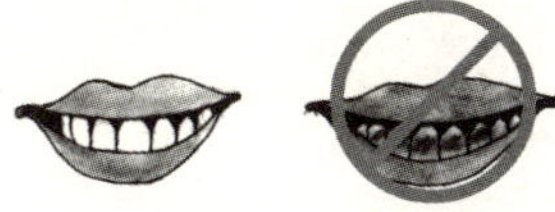

注意牙齿的清洁卫生，
保持口气清新

图1-4　牙齿

4.鼻子

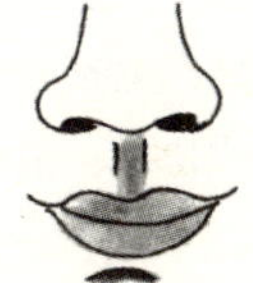

鼻毛不宜过长，注意鼻腔的
卫生

图1-5　鼻子

5.鞋

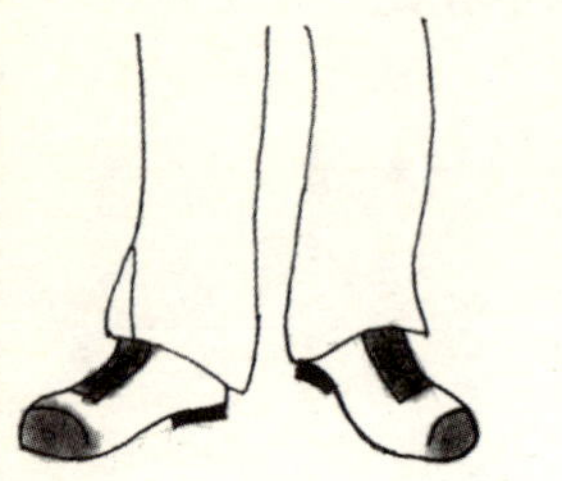

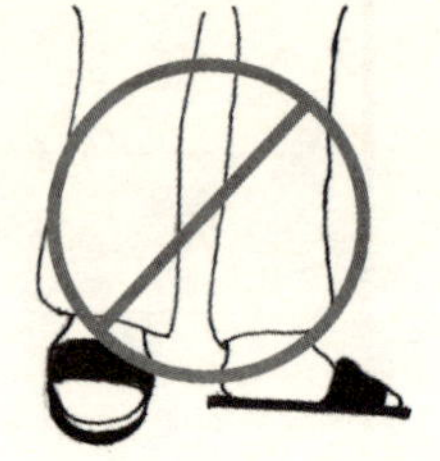

上班的时候不得穿拖鞋

图1-6　鞋

（三）形象自检表

财务经理可以根据形象自检表，来检查自己的形象是否符合要求。

1.男士形象自检

男士形象自检，具体如表1-5所示。

表1-5　男士形象自检表

序号	项目	检查重点	备注
1	头发	（1）常洗常剪吗？有无头屑 （2）额前头发遮盖眼睛吗？长短合适吗？要15天修剪一次头发	
2	面部	（1）脸上有清洁、健康之感吗？会不会干涩或油光光的 （2）认真刷牙吗 （3）常刮胡须吗	
3	衣服	（1）适合工作环境吗 （2）着装端正，肩上有头屑吗 （3）穿新衣服时，精心整理吗	
4	衬衫	（1）是否干净？平整挺括，无污垢、斑点吗 （2）是否平展？纽扣齐全吗 （3）领带干净平整吗	
5	裤子	（1）无污垢、斑点、平整挺括吗 （2）裤子的拉链、纽扣结实吗 （3）皮带结实吗	
6	衣袋	（1）衣内放有纸巾吗 （2）衣袋内有无棉尘、脏物	
7	手	（1）指甲认真修剪了吗？手及指甲粗糙吗 （2）手指甲干净吗	
8	袜	（1）脚上的袜子干净吗？每天换洗吗 （2）袜子与衣服的颜色、款式协调、适合吗	
9	鞋	（1）鞋上油擦亮了吗？鞋后跟磨损变形了吗 （2）鞋与衣服的颜色、款式协调、适合吗	
10	其他	（1）面带微笑吗 （2）情绪饱满吗	

2.女士形象自检

女士形象自检，具体如表1-6所示。

表1-6　女士形象自检表

序号	项目	检查重点	备注
1	头发	（1）常洗常剪吗？头上饰物会哗众取宠吗 （2）额前头发遮盖眼睛吗？长短合适吗？发型有无妨碍工作	
2	化妆	（1）脸上有清洁、健康之感吗？保养面部皮肤了吗 （2）口红、眼影浓淡适合吗？口红颜色相宜吗？（避免使用偏白荧光型口红）	
3	衣服	（1）适合工作环境吗 （2）常洗熨吗？肩上有头屑吗	
4	衬衫	（1）是否干净？平整挺括，无污垢、斑点吗 （2）是否平展？纽扣齐全吗 （3）领巾干净平整吗	
5	裙子	（1）无污物吗、平整挺括吗 （2）未绽线散开吗	
6	装饰品	（1）不累赘、引人注目吗 （2）用造型奇特或孩子气手表吗	
7	手	（1）指甲认真修剪了吗 （2）手指甲太长吗？指甲油过浓或出现脱落吗	
8	长筒袜	（1）颜色是否适当 （2）是否绽线	
9	鞋	（1）鞋上油擦亮了吗？鞋后跟磨损变形了吗 （2）鞋与衣服的颜色、款式协调、适合吗	
10	其他	（1）面带微笑吗 （2）情绪饱满吗	

特别提示：

财务经理可以个人形象自检表为标准，对本部门所有员工进行检查，并作出要求。因为无论是管理者还是员工，其个人形象都代表着整个酒店的形象。

三、部门早会管理

（一）早会的准备

财务经理每天上班前30分钟，坐在办公桌前静下心来，对财务部当日的工作进行检查、反省：

（1）对当日未按计划达成的事项记录在案，制订补救措施。

（2）对当日出现的例外事项进行记录在案。

（3）对第二日的工作进行统筹安排，对第二日工作可能出现的情况进行预测，有必要制定预防措施并向全体员工予以提醒。

另外，上级若有什么新的指示，或国家对酒店的财务、税收方面有何新的政策，也须考虑在早会中传达。

将以上的事项在早会提纲上进行记录，以便第二天开早会时用于提示。见表1-7。

表1-7　财务部早会提纲

<table>
<tr><td>部门</td><td></td><td>财务经理</td><td></td><td>日期</td><td></td></tr>
<tr><td colspan="6">昨日工作的完成情况检查：

</td></tr>
<tr><td colspan="6">今日的工作安排及预订措施：

</td></tr>
</table>

（二）早会的召开

财务经理在上班前15分钟提前进入酒店，要对昨天的一些文件再一次进行整理，同时再想一想早会提纲，然后，进入办公室召开早会。

员工按顺序排好队形，目光注视财务

经理，队形排好后要稳定，一般不予经常变动。

财务经理目视队形15秒，目光坚定有神，精神焕发。

财务经理大声并真挚地向员工问好：“早上好！”

要求员工大声并真挚地回答：“早上好！（或经理好！）”

财务经理点名，开早会：

财务经理根据昨天的早会提纲，进行讲解……

早会尽量简短，原则上不超过15分钟。

当然，早会的主持不应拘泥于由财务经理一个人来担当。其实，让每一个人来参与主持早会是调动员工积极性的好办法，你可以从训练下属主管开始，来训练早会的主持工作。当某一天，你出差在外的时候，早会不会因为你的不在场而停止，财务部的工作也不至于因你出差几天而混乱不已。在训练下属主持早会的时候，你要将一些要点、方法和技巧告诉他们，同时，在他们主持完早会后，要将他们的优点和不足也与他们作比较深的沟通。

（三）早会评估

早会评估可以让财务经理知道早会到底有没有达到预期的效果，如果没有达到的话，那该如何改进。若完全达到的话，那意味着这一天工作，管理会非常轻松。

另外，如果没有达到的话，你可以总结经验，并在第二天的早会上作出改进。

1.财务经理自我评估

财务经理通常都是作为主持人来主持整个早会过程，作出工作汇报和工作安排。所以，财务经理对自己在早会中的情况要经常作自我评估，以便发现问题，作出改进，才能带领整个部门把早会开成功。

2.员工参与度评估

员工参与度的高低，直接影响财务部早会的效果。你可以在早会上通过观察他们的表情、体态语言，回答问题时的应对情况，来了解他们是否真正参与进来。

随手札记

特别提示：

若大多数员工参与度都很低，财务经理就要对整个早会进行评估和反思，找出问题所在，并及时解决。

四、日常资金支出审批

酒店每天都会有大量资金流入流出，任何资金的流动都要经过财务部审核。财务经理是酒店各项支出的审批负责人，可能每日都要对资金的支出进行审批，在进行审批时一定要严格遵守国家法律法规和酒店规章制度的规定，同时要遵守审批流程及权限，绝不能越权行使审批权。

（一）建立资金审批制度

财务经理日常审批工作很多，为了使所有审批工作有章可循，应建立酒店资金审批制度，经酒店总经理批准后实施。

【范例 01】

××酒店资金审批制度

为规范酒店的资金审批工作，根据国家相关财务管理制度的规定，结合酒店实际经营情况，特制定本制度。

第一条　所有人员必须根据合法、完整的原始凭证，按规定粘贴、填制报销账单据。

1.原始凭证的基本要求。

（1）原始凭证内容必须具备：凭证的名称；填制凭证的日期；填制凭证单位名称或者填制人的姓名；经办人员的签名或者盖章；接受凭证单位的名称；经营业务的内容、数量、单位和金额。

（2）从外单位取得的原始凭证，必须符合国家票证管理办法，并盖有填制单位的公章；从个人取得的原始凭证，必须有填制人员的签名或者盖章。自制原始凭证必须有经办单位领导人或者其指定人员的签名或盖章。

（3）凡填有大写或小写金额的原始凭证，大写与小写必须相符。购买实物的原始凭证，必须有入库单或验收证明；支付款项的原始凭证，必须有收款单位的收款证明。

（4）一式几联的原始凭证，应注明各联的用途，并且只能以一联作为收款证明。一式几联的发票和收据，必须用双面复写纸（发票和收据本身具备复写纸功能的除外）套写。

（5）经有关部门批准的经济业务，应当将批准的文件作为原始凭证附件。如果批准文件需要单独归档的，应当在凭证上注明批准部门、日期、批准人及“原件存档”字样；如果批准文件涉及两项报账内容，可将原件附其中一份报账单据，另一份注明原件在“××报账中”字样。

2.原始凭证粘贴的具体规定。

（1）在空白报销单上将原始报账凭证按小票在下，大票在上的要求，从右至左呈阶梯状依次粘贴；若票据较少，可直接在正式报销单的反面粘贴（原始凭证的正面与报销单的正面同向）；若票据较多，可在多张空白报销单上粘贴。

（2）将已填写完毕的正式报销单粘贴在已贴好的原始报销凭证的空白报销单上（将左面对齐粘贴）。

第二条　如果需报销的原始单据遗失，除飞机票、火车票、船票、长途汽车票，在理由充分的情况下，按票价的50%报销外，其他票据遗失一律不予报销；特殊情况，必须报请酒店财务部负责人批准；已由银行付款，需进行报账核销的原始单据遗失，须凭加盖对方发票章（或财务章）的原始单据复印件和经部门负责人签字的专题说明进行核销，同时对经办人予以×××元的处罚。

第三条　对不真实、不合规定的原始凭证不予报账；对记录不准确、不完整的原始凭证予以退回，并要求按规定更正、补充；原始凭证有错误的，应要求出具单位或填报人重开或更正（金额只可改小，不可改大），更正处加盖单位印章或签章。

第四条　严格执行报账期限规定，及时进行报账。

1.差旅费借支必须在返回酒店5天内报账，其他现金借支10天内必须结清。

2.领用的转账支票，经办人员必须在10天内到财务部门办理报账手续；直接由酒店汇往各往来单位的款项，记入经办人员往来账，经办人员必须在付款后（或货到，或工程完工后）一个月内到财务部门办理报账手续（合同上有规定的除外）。

3.凡未在规定期限内到财务部门结清财务手续的，按起点××元，每超期1天按×元的标准递增予以罚款。

4.费用单据超过2个月的，不予报账。

第五条　严格执行酒店的审批规定，所有开支必须经部门负责人同意，酒店总经理及财务部负责人审批后方可办理。

第六条　各项费用开支，以现金方式支付的，必须填写酒店费用报销单。

第七条　已取得结算凭据的报账业务，必须填写××酒店报销单；未取得结算凭据的付款业务，应由经办人填写请款单，待货到（或工程完工）后由经办人取

随手札记

得发票，办理入库验收（或工程验收）手续，填写报销单办理报账手续。

第八条 报账审批规定

1.各部门员工的日常费用，由部门负责人控制审核，报酒店总经理和财务经理审批；部门负责人的日常费用，直接由酒店总经理和财务经理控制审批。

2.车辆保养、改装或维修，单项费用在3000元以内（含3000元）的，必须以书面形式，报酒店总经理批准；单项费用在3000元以上的，必须逐级上报。

3.酒店各种办公、印刷用品、车辆过桥及汽油费用、电话费（含个人手机话费）等所需资金的支出，由酒店办公室管理及审核，报酒店总经理及酒店财务经理审批。

4.酒店日常经营所需的水、电及零星工程设备维修费用，由工程部负责核实，报酒店总经理及财务经理审批。

5.酒店日常购置原材料、低值易耗品、物料用品、促销品、宣传品、电脑设备及耗材等用于经营的物资，由采购部负责核实，报酒店总经理及财务经理审批。

6.酒店和酒店所有需支付的资金（除临时处置资金外），均通过财务经理统筹安排。

（二）日常支出审批范围及标准

财务经理必须非常熟悉酒店的各项日常支出项目，如广告费、办公费等，并为之制定相应的标准，以便员工在开展相关活动时有据可依，以下提供一范例，供参考。

【范例02】

××酒店日常支出审批范围及标准

1.工资。

按酒店职位工资序列及实施办法每月由人事部门作表，财务部门审核并由总经理批准后发放。工资发放坚持本人领取的原则，避免他人代领，特殊情况需他人代领的须授权。

2.办公费（办公用品）。

实行“统一采购、集中配发”的原则。

3.差旅费。

酒店要制定详细的报销范围及标准，财务人员按标准严格掌握。

（1）范围。

总经理可乘坐飞机、软卧、轮船一等船；其他人员可乘坐火车硬卧、轮船二舱，（特殊情况需经总经理批准）。

（2）标准。

①部门经理以上领导出差住宿费实行限额报销。总经理×××元/天（特区×××元/天），副总经理×××元/天（特区×××元/天），各部门经理×××元/天（特区×××元/天）。

②其他人员实行定额包干。其中县、县级市××元/天，地市级×××元/天，省会级×××元/天，特区×××元/天。

③外出参加各种会议，持会议证明按限额或定额标准报销（会议伙食补贴除外）。

④夜间超过10小时或连续乘车15小时以上而没买卧票的，按本人实际乘坐直快慢车的票价×%补助。坐特快硬席按票价×%补助。乘坐软座列车与硬卧同等对待车、船票费不在限额，定额包干费用在内。

⑤工作人员借出差之便绕道探亲或办私事，不负担交通费及其期间的出差补助。

⑥出差到酒店各分店及办事处，出差人员费用由出差单位负担，负责接待单位不承担食宿费用。如有特殊情况，需由接待单位负责食宿，其标准也不得超过酒店规定的出差费用标准。

（3）报销程序。

先由财务部按支付及标准审核后，普通员工交主管部门经理签字后，部门经理由总经理（财务负责人）签字审批后报销。

4.技术开发费。

（1）开支范围。

研究开发新产品、新技术、新工艺所发生的新产品设计费；工艺规程制定费；设备调试费；原材料和半成品试验费；技术图书资料费；人员劳务费；设备折旧等。

（2）开支来源。

为保障酒店新技术、新产品开发在资金上得到大力支持，提高酒店产品的技术含量及附加值，研究开发市场适销对路的产品，酒店技术开发费实行预先提取，计划投入的方式，即根据年初销售预算制定技术开发费用预算，每月按实际销售收入的一定比例预提使用。

5.开办费摊销。

开办费摊销是指酒店按规定期限摊销的筹备期间或设立分支机构的费用。其摊销期限为5年。

6.业务招待费。

业务招待费应当有确实的记录、标准和依据并按下列规定招待：

（1）酒店因工作需要招待客人，一般在员工食堂就餐。

（2）酒店因工作需要在酒店外就餐

随手札记

的需办公室负责人签字，总经理批准后，到财务部门支付。

（3）接待客人需备的礼品、水果，由办公室按规定统一购买。

7.水电费。

按实际发生数列入管理费。

8.电话费。

根据标准控制支出。其中无线话费参考标准为：酒店副总经理以上人员每月×××元以内开支。酒店部门经理以上人员每月×××元以内开支。

9.汽车（小车）费用。

包括修理及零配件、汽油、保险费、行车及其他费用。按年度预算分季、月包天支出。

10.广告费。

（1）广告宣传费，是指发生的印刷品的制作费用，通过媒体输出广告费，当上述费用已支付，但广告没有输出或输出没有结束时，上述费用记入预付款科目；实际发生的通过传媒输出的广告费及实际发生后以发票和输出的稿件、播出单、出库单、合同报账；记入费用。

（2）促销费用：指为销售发生的提成、回扣、促销人员的工资、促销活动的费用（包括管理费用），销售费用的支出以经批准的报告或合同为准，没经批准的一律不予支出和报账。

11.公关礼品费用支出。

凡公关所需礼品支出，必须经总经理签批后，由酒店指定专人购买、登记，交经办人后，办理报销。

12.用支出如福利费、劳动保险费等按国家规定及有关地方政策执行。

（三）资金支出审批流程

酒店资金支出的基本流程：

支出（经办人）填写报销单（见表1–8）或资金申请单并签名→项目负责人审核签字→部门经理审核签字→总经理或授权人审批→董事长签批→财务经理核准→财务部会计审核并编制记账凭证→出纳付款。

特别提示：

财务经理在进行审批时一定要严格遵守国家法律法规和酒店规章制度的规定，同时要遵守审批流程及权限，绝不能越权行使审批权。

五、日常收银业务管理

酒店的大部分收入都是通过收银工作转入酒店账户的，因此，财务经理要做好每天的收银管理工作，确保酒店的每一笔收入都能准确入账。

（一）制定收银业务管理制度

前厅、餐厅、吧台等收银员掌管着酒店收入的实际操作工作，为了使他们的工作程序化、规范化，财务经理应制订一套完整的收银业务管理制度，对收银工作的各个方面进行有效规定，如收银机的使

表1-8　报销单

填报日期：______年_____月_____日

序号	项目名称	张数	数量	单价	金额	用途说明	发票号码
合计							
大写：（人民币）						¥：　　元	

付款方式打√选择			收款单位		
	现金			全称	
	汇款			开户银行	
	支票			账号	

总经理		负责人		财务经理		部门主管		报销人	
签字		签字		签字		签字		签字	
日期		日期		日期		日期		日期	

随手札记

用、收银处各班次的工作内容、结账的管理制度等。

【范例03】

××酒店收银业务管理制度

一、收银机使用制度

1.酒店商品柜台设置收银机付款，记录商品销售金额，汇总商品销售总金额，监督核对商品销售情况。

2.出售的商品都必须将金额输入收银机，按日销售汇总，总金额必须和“商品销售日报表”的汇总金额相符。

3.每日缴款时，必须把日销售总额打出，然后将记录纸撕下连日报表统一交给缴款员。由专人负责核对“销售日报表”明细账是否和记录纸上的相符，如果有差错，要立即查清楚。

4.在使用收银机时，不能将收银机作为计算器使用，随便将其他数字输入或做其他计算，如果由此造成记录、汇总金额和日报表、明细账不符，由当班收银员负责。

二、收银处早班操作制度

1.主要处理酒店客人退房手续。

2.接到客人的房间钥匙，认清房号，准确、清楚地通知客房部的楼层服务员该房退房，客房部员工接到通知后尽快检查房间。

3.准备好客账单，让客人查核是否正确，该步骤完成时，楼层服务员必须向收银员通报房间检查结果，如有无客房酒吧消费、短缺物品等，为互相监督，收银员应在客人登记表上记下楼层服务员的工号，楼层服务员也记下收银员的工号。

4.经客人核对账单无误并在账单上签名确认后，收银处方可收款，收款时做到认真、迅速，不错收、不漏收。

5.付款账单附在登记表后面，以备日后查账核对。

6.为避免走数，应核对当班单据是否正确，以及时发现错单、漏单。

7.下班前打印出客人押金余额报表，检查客人押金余额是否足够，对押金不足的要列出名单，以便中班追收押金。

三、收银处中班操作制度

1.负责收取新入住客人的押金，注意客人登记表上的入住天数，保证收足押金。

2.追收早班列出欠款客人的押金，晚上10：00仍未交押金的，交大堂副经理协助追收。

3.检查信用卡支付名单，发现名单或者信用卡账户上无款的客人，应及时通知客人改用其他方式付款，如不能解决则交给大堂副经理处理。

4.下班前打印出客人押金额，以备核查。

四、收银处晚班操作制度

1.负责核对当天的所有单据是否正确，如有错误应立即改正。

2.应与接待处核对所有出租房间数、房号、房租。

3.制作报表。

（1）会计科目活动简表。

（2）会计科目明细报表。

（3）房间出租报表。

（4）夜间核数报表。

4.制作缴款单，按单缴款，不得长款、短款。

5.夜间核对过房租、清洗电脑后，做好夜间核数。

6.每次交接班应该交接清楚款账等事项，并在交接簿上作简明的工作情况记录，交代本班未完事项。

五、收银处结账管理制度

1.应辨别收取现金的真伪，唱付唱收，防止出现不必要的争执。

2.信用卡必须核对卡主签名，签名应与卡上原有的签名相同，信用卡上的名字应与卡上原有的签名相同；信用卡上的名字应与身份证明的名字相同；身份证的照片应与持卡人相同。

3.收取支票应注意以下两点：

（1）对好印鉴，印鉴不模糊，不过底线，并且有开户行名称。

（2）限额、签发日期等。

六、收银处员工管理制度

1.热情有礼，吐字清晰，唱收唱付，将找款递给客人，不允许扔、摔、甩、丢等现象。

2.严禁套取外汇、外币。

3.严禁向收银处借款和未经财务部经理签批将钱款外借他人。

4.严禁收半日租或全日租而不计入营业收入。

5.严禁打私人电话，不准长时间接私人电话。

6.长款、短款项要向上级反映、汇报及解释原因。

7.不得以白条冲款账。

8.由于工作失误造成的损失由当事人全额赔偿。

9.下班时做好交接班工作。

七、信用卡使用管理制度

1.接收信用卡时，核对清楚信用卡是否是本酒店可以使用的信用卡。

2.核查接受使用的信用卡日期是否在有效期内。如果信用卡过期或未到期，应委婉告诉客人此卡不能接受使用。

3.核查接受的信用卡编号、发卡银行

随手札记

通告的"支付名单"号码，如查出此卡号码在"支付名单"上，则扣留此信用卡，并将该卡交回发卡银行。

4.注意金额的限制。每种信用卡都有最高使用限额。如果超过此信用卡的最高金额时必须联系发卡中心，取回授权号码。

5.核查完毕，按照各种信用卡的签购单上的各个项目要求，填写信用卡票据。填写时一定要仔细看清各项目的要求，认真填写，字迹清楚，做到准确无误。

6.票据填写完后，请持卡人签名，认真核对持卡人签名是否和信用卡上签名一致，如发现笔迹不一样，可以请客人出示护照（身份证明）核实。如果是冒充签名使用信用卡，应扣留信用卡。

7.票据填写完毕，将"持卡人留存"联撕下交回客人。

8.未按信用卡使用原则去做，造成的经济损失由经手人负责。

八、旅行支票使用管理制度

1.客人入住酒店，可以使用旅行支票，但不接受私人支票。

2.检查旅行支票。

（1）旅行支票具有一定面额。

（2）支票正上方签名处已留持票人的签名。

（3）支票在灯光下有折光反映，票面有凹凸花纹。

3.接受前，请持票人当面在支票下方签名，否则，支票无效，并与上方已留签名核对是否相符。

4.如对签名有疑义，可请持票人在支票背面再次签名核对。

5.请客人出示护照（身份证），核对护照姓名与支票上签名是否相符，并把护照国籍、号码抄录在支票背面。同时婉请客人留下地址。

6.对旅行支票真伪有怀疑，应请银行兑换处鉴定。

7.对于外币旅行支票，银行要收取贴息。

8.请在"转账支票报表"上汇总旅行支票的缴款数，并注明何种货币和买入价。

九、核数操作制度

1.整理归档上一天的单据、报表等，落实上一天稽查出来的问题。

2.将经理核准的考核通知书送到有关部门签收。

3.核对各收款点的营业报表，包括餐厅收银处、商务中心、电传室、娱乐、洗衣房、客房酒水等。

4.稽核人员应抽查餐单，核对点菜单与账单是否相符。

5.检查当天到达的客人房租情况，检查房租折扣是否符合规定，检查总台接待处交来的批条是否齐全。

6.检查客人住宿登记卡是否齐全。

7.将各收款点营业额输入电脑。

8.将输入电脑的各收款点的现金总数以及信用卡数与营业日报表进行平衡后，应与营业报表总合计数一致。

9.检查无误后，将上列报表装订在一起，分送到各部门。

（二）收银现金缴纳管理流程

酒店各部门收银员每天收入的现金要及时缴纳，财务经理要督促夜班核数员、前厅收银员、餐厅和其他营业点的收银员均应在下班时，将各班次的账单点核清楚，并完成各班的营业收入报告。

（1）各部门收银员在下班前应如实填写本机收入日报表（见表1-9），如实记录本机各项收入情况。

表1-9　收银员收入日报表

部门：　　　　　　　　收银员姓名：

日期：　　年　　月　　日

值班：自　　午　　时至　　午　　时

收入分类	金额	备注
食品		
饮料		
客人分户账结账数		
合计		
结算方式：		
现金：		

（续表）

收入分类	金额	备注
人民币		
信用卡：		
MASTER		
大莱		
长城卡		
VISA		
支票		
外单位欠款		
客人欠款		
公关费		
坏账		
小计		
加：押金		
加：长款		
减：短款		
合计：		

主管：　　　　　　　　收银员：

说明：此表一式二联，一联留存，二联财务，每联用不同颜色区分。

随手札记

（2）收银员做完收入日报表后应在第三方见证人陪同下将现金送交财务部出纳人员，填写现金缴款单，如表1-10所示。

（3）出纳人员在收取各营业部门送来的营收现金时应仔细进行清点，做好记录工作，将记录结果填入酒店各营业部门送缴现金清点表中，如表1-11所示。

特别提示：

财务经理应每天都应抽查这些表格表单，以便及时了解酒店各部门的财务情况，对出现的财务问题及时与各部门经理沟通解决。

（三）防范收银漏洞

酒店收银业务常见漏洞及防范方法如图1-1所示。

表1-10　现金缴款单

收款日期______年______月______日

收款人姓名____________

营业部门____________________

值班时间　　自　午　　时　　分至　　午　　时　　分

一、本袋内装现金（人民币）							
序号	面值	张数	小计	序号	面值	张数	小计
1	100元券			7	5角券		
2	50元券			8	1角券		
3	20元券			9	1元币		
4	10元券			10	5角币		
5	5元券			11	1角币		
6	1元券						
合计							

二、本袋内装其他票据			
序号	类别	金额	总计
1	支　票		
2	信用卡		
3	……		
人民币长款		人民币短款	

内附：收银员日报表一份

收银员领班____________　　收银员____________

表1-11　酒店各营业部门送缴现金清点表

年　月　日

区域	单位	班别	现金	兑换水单	代支单	支票	合计	备注
客房部	正楼	1						
		2						
		3						
	××厅							
餐饮部	××厅	1						
		2						
	××苑	1						
		2						
	××咖啡厅	1						
		2						
	酒吧	1						
	餐饮中心	1						
	宴会厅							
	总机室							
其他	停车费							
合计								

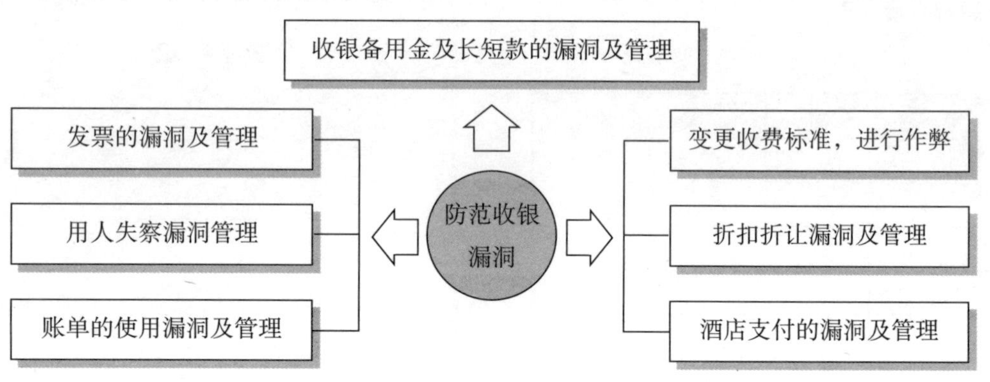

图1-6　收银漏洞及防范方法图

1.发票的漏洞及管理

在酒店经营中，发票管理出现漏洞现象较多，既有客人需要发票的，也有不要的，所以财务经理要规避漏洞必须加强发票的管理，其监控方法有：

（1）收银员截留客人不要的发票。如客人自行就餐，不需要发票，收银员则根据账单金额，按照相应对等金额私自截留，留作己用。

（2）收银员钻不要发票客人漏洞，截留账款。通常在一家财务收银管理混乱的酒店会发生，如客人不要发票，收银员销毁收费单据，截流收入。

（3）发票大头小尾。随着我国财经法制的不断完善和对机打定额发票普及使用，此种作弊现象已少有发生。

以上因发票管理使用上的漏洞，在酒店中当引起重视。首先，财务经理应要求收银员在做账中对已开具发票的账单，加盖发票已开出章，以便于财务进行统计，未要发票账单，也应注明。其次，对于发票的使用应有专人管理，核对发票号码，并进行销号。另外，在发票使用管理上，尽量配合税务机关使用可监控发票系统。

2.收银备用金及长短款的漏洞及管理

在酒店中，收银点一般会根据结算工作需要，从财务部领取一定备用金，以便日常收款结算时找零兑换使用。为防止收银私自挪用备用金，酒店相关监控部门必须做到不定期抽查备用金使用情况，尽量减少收银备用金数额，如每班次收银发生现金长短款时，必须要求收银员认真自查，对不明原因的长短款，长款要如实上交财务，短款由责任人赔偿。在酒店中，一般发生长款的原因多是由客人找零而发生的，酒店管理者且不要忽视长款的管理，因为日积月累的找零长款，也是极容易滋生漏洞的源头，所以，必须加强管理，认真对待。

3.账单的使用漏洞及管理

在收银管理中，账单的管理也至关重要，曾经发生多例酒店账单管理混乱，收银员趁机私自收费后销毁账单，截流现金收入现象。所以，在日常收银账单的管理上，应当采取以下措施来进行监控管理：

（1）账单使用必须填制账单控制报表，并要求收银不得跳号使用，必须连号使用。

（2）作废账单必须在账单上详细注明作废原因，由相关两人以上工作人员签字，收银主管审核签字确认。

（3）每次收款，账单作为收费单必须连同附单，食品菜单，酒水单一同附上交财务。

4.变更收费标准，进行作弊

收银员对客结账时，将单价更改，多向客人收费，而按实际单价入账，此种作弊现象不仅给酒店造成经济损失，一旦被客人发现，会给酒店造成极其恶劣的影响。所以，对待此问题，一是要加强日常员工队伍教育，二是一经发现，坚决对当事人予以辞退。

5.折扣折让漏洞及管理

收银员利用折扣优惠钻空子进行作弊，在酒店中屡见不鲜，主要表现如下：

（1）收银员接受在酒店无权打折管理人员打折优惠，给予有权打折管理人员越权扩大权限打折优惠。

（2）收银员利用工作之便，给予无权享受折扣优惠的客人进行打折优惠，如自己的亲朋好友、熟人等。

（3）收银员全额收款后，将账单变更为折扣优惠收款的账单，并将折扣优惠金额据为己有，从而给酒店造成损失。

以上问题，在很多酒店中都发生过，从酒店财务管理角度来讲，根本杜绝是不太可能，要想减少损失及发生率，财务经理必须做到以下几点：

首先，酒店必须明确规定各级管理人员优惠打折的权限，并以文字的形式下发执行。其次，加大夜审账务稽查力度，严格把关。并拒绝口头授权打折，对于折扣优惠的账单，必须由有效人签字后上交，并注明事由。此外，作为酒店的财务经理，应以身作则，带头执行，财务夜审对于一切违规无效的打折优惠账单，一律退回收银，该让有效人签字的签字，该让收

随手札记

银员补齐折扣金额的补齐。对于打折无效的单据，绝不能开口子，否则，会给日常的经营管理造成混乱，更会使酒店形成经济损失，降低毛利率。

6.酒店支付的漏洞及管理

酒店支付，是酒店业的一个行业特点，又称内部招待，意即酒店自己招待的客人或由酒店免费提供就餐的一种结算方式。它主要存在以下的漏洞：

（1）收银员和酒水员串通，伙同经办人随意提高就餐标准。

（2）收银员串通吧台酒水员将部分酒水香烟记入酒店支付账，再将实物据为己有。

（3）收银员将个人工作失误引起的跑单、漏单制成酒店支付账单，然后冒充总经理签字上交财务。

由此可见，酒店支付虽是免费的结算方式，但也是收银漏洞之一。因此，财务经理在日常管理中，理应制定酒店支付制度和申请酒店支付的审批程序。采用先批准，再用餐，后审核的管理方式，如酒店相关业务部门如因业务需要内部招待，必须提前到酒店办公室填写酒店支付通知单，经总经理批准后，方可持通知到餐厅就餐。餐饮部人员对于未持书面通知书的内部招待，不能按酒店支付受理。当然，为了避免类似事件发生，酒店财务部也应加大审核力度，做到熟悉酒店领导人的签字样本，熟悉酒店支付管理制度，才能做到万无一失。

7.用人失察漏洞管理

酒店在选用收银员时，必须严格把关，并在实践工作中培训其保密意识，要求收银员不得向外人泄露酒店的销售收入等财务信息，以免造成酒店经营被动局面和负面影响。

特别提示：

财务经理要想杜绝此类事件发生，在加强用人管理的同时，必须培养出一支有着良好职业道德的优秀收银团队。

六、日常表格编制与管理

酒店的日常经营活动会产生大量报表，涉及财物的报表一般都由财务部编制与管理。这些表格反映的是酒店日常经营的实际情况，对酒店的财务工作非常重要，因此，财务经理要高度重视对这些表格的编制与管理。

（一）日常财务表格类型

酒店财务部日常编制的报表类型，如表1－12所示。

除了基础报表（资产负债表、利润表、现金流量表）必须编制以外，其他报表要根据酒店的情况来进行编制。

（二）日常财务报表举例

在此列举一些酒店常用的财务报表（见表1－13至表1－17），仅供参考。

表1-12　日常财务报表汇总表

序号	报表种类	具体项目
1	基本报表	资产负债表
		利润表
		现金流量表
2	往来报表	应收账款明细及账龄分析表
		应付账款明细及账龄分析表
		其他应收款明细及账龄明细表
		其他应付款明细及账龄明细表
		预收预付账款明细表
3	资金报表	短期借款、长期借款明细表
		实收资本明细表
		收支月报表
4	资产报表	短期投资明细表
		长期投资明细表
		固定资产明细表
		无形资产、长期待摊费用明细表
5	营运报表	收入结构明细表
		费用结构明细表
		高级管理人员费用明细表

特别提示：

财务经理要注意督促财务部员工做好这些报表的编制工作。因为这些报表都涉及实际财物记录，一旦编制与管理出现差错，有可能给酒店造成重大损失。同时，财务经理要经常抽查这些报表，与实际情况进行核对，对出现的问题要及时解决。

七、日常财务异常情况处理

财务部在日常运营过程中，难免会发生一些异常情况，例如收到假币、遇到客人逃账等。财务经理应指导财务部员工做好这些异常情况的处理工作。

（一）客人因账单问题进行投诉

当客人结账时，发觉账单上的总数目与所预算不同而发生投诉时，财务经

表1-13 应收款明细及账龄明细表

公司名称： 年 月 日 单位：元

对方名称	期末余额	账龄							
		1年以内		1～2年		2～3年		3年以上	
		金额	比例	金额	比例	金额	比例	金额	比例
一、外部单位及个人									
二、内部单位									
三、员工借款									
四、其他									
合计									

表1-14 短期借款、长期借款明细表

公司名称： 年 月 日 单位：元

借款银行	借款金额	借款日期	还款日期	借款期限	借款利率	借款性质
合计						

表1-15　实收资本明细表

公司名称：　　　　　　　　年　　月　　日　　　　　　　　单位：元

投资方	投资金额	所占资本比率
合计		

表1-16　短期投资明细表

公司名称：　　　　　　　　年　　月　　日　　　　　　　　单位：元

项目	期初数	本期增加	本期减少	期末数
一、股权投资合计				
其中：股票投资				
二、债券投资合计				
其中：国债投资				
其他债券				
三、其他投资				
合计				

随手札记

表1-17　收入结构明细表

公司名称：　　　　　　　　　　　　年　　月　　日　　　　　　　　　　　单位：元

项目	本月数	本年累计数	本年累计占总收入比率
一、主营业务收入			
二、其他业务利润			
三、投资收益			
四、营业外收入			
五、以前年度损益调整			
合计			

理或其他管理人员应出面慎重处理，如表1-18所汇款单。

（二）客人不能结账

当客人办理退房手续时，如因为自己所持的信用卡出现问题，又没有足够的现金付账时，收银员一定通知财务经理处理。具体方法为：

（1）礼貌地要求客人可否用其他方式付账。

（2）如客人无法以其他方式付账，应向他询问是否同游者、本地的朋友或公司，也许可以寻求协助他支付酒店费用的途径。

（3）如没有时间等待客人的银行电汇，应记下客人的姓名、详细地址或公司地址、电话号码或电传号码和护照号码。

（4）请客人签订账单，给予正常的副本。

（5）向客人说明账单将寄往他所提供的地址，并希望客人尽快寄回支票付款。

表1-18　异常情况应对方法表

序号	异常状况	应对方法
1	住房价目的差异	（1）收款单上的房间价目与登记卡上的价目不符。应以订房时报给客人的房间价目为准 （2）登记卡与住客手册上的房间价目不符。如果住客手册上的房间价目比登记卡上的少，为了保持与客人的友好关系，应以住客手册上的价目收款
2	长途电话账目的差异	（1）客人打电话时，受到电流干扰，不愿付钱。应向客人解释，电话费是电话公司所收取的费用，酒店不得不收。如果该项长途电话只用了少于3分钟的时间，而客人却拒绝付费，则为了保持和客人的友好关系，与可作出让步，由前厅部经理签名取消

（续表）

序号	异常状况	应对方法
2	长途电话账目的差异	（2）电话接线生登记或计算错误。应立即向客人道歉，并纠正错误 （3）客人赖账。遇到这种情况，服务员的态度一定要保持友好，冷静地给客人解释，不急不躁，绝不可出言不逊，甚至嘲讽讥笑赖账的客人
3	餐饮的差异	餐饮的差异常常由于以下原因引起： （1）客人忘记有该项账目 （2）客人认为该项餐饮账目太大 （3）服务员的登记出现错误、差漏 针对餐饮差异，应立即调查餐饮单的存档，让客人复核。如果客人认为餐饮单上的其中一二项是错误时，按当时情形，可以取消计费
4	小酒吧的差异	当遇到客人投诉并没有使用小酒吧内的饮料、食物，或服务员忘记补充食品或酒水，事后又报酒水消费单至前台的情形，应作如下处理： （1）调查小酒吧登记记录 （2）调查客房部客人入住的时间记录，因为有可能是刚离店的客人饮用了酒水 （3）为了保持与客人的友好关系，按客人的解释理由，可以取消该项计费

（三）预防客人逃账

因为客人逃账不但造成酒店的损失，而且会增加餐饮成本，所以财务经理应该严防这类情况的发生。财务经理应要求前厅部人员对新抵达的客人加以注意，并且应该将有逃账先例的客人注明，让

酒店其他人员（尤其是保安人员）特别留意。

财务经理要将逃账现象降到最低，首先需要注意以下问题：

（1）在客人入住时，清楚地说明结账程序及相关问题。

（2）当客人消费金额超过酒店给予的额度时，要通知客人。

（3）相关部门都应该拒绝曾经逃账的客人。

（4）在客人相关的消费费用上，各部门间需要建立良好的沟通及合作机制。

另外，采取有效措施防止客人逃账，如表1－19所示。

表1-19　防止客人逃账的措施

序号	出现的状况	采取的措施
1	客人抵达时	当客人抵达时，行李员确认客人的行李件数，并对行李重量加以评估。当客人想要逃账时，他们的行李一定很少、很轻，甚至将空的行李箱包留在房间里
2	住宿期间	奢侈的消费是客人逃账的重要特征之一，因此收银员要密切注意客人的账单。当客人想要逃账时，会点非常昂贵的餐点，并且他的赊账额度已经快满了
3	离开当天	大厅的行李员会在客人离开当天帮客人拿行李，此时，行李员应将客人的行李放在存放行李的地方，等到客人结账之后再将行李送出来。有些酒店有一套行李传送程序：当客人到前厅部退房时，前厅部会发出一张行李提领单给客人；客人在结账后会被引领到行李暂放处提取行李
4	留置权	（1）当客人无法结账时，酒店会留置行李当做抵押物，直到客人结账后归还。也就是客人可以先行离开，利用时间处理财务上的问题后再返回酒店结账 （2）当客人没有能力结账，而行李还在酒店时，酒店有权出售该行李来清偿账款，但是必须在下列情况下进行： ①客人的行李或随身物品留置必须超过6星期后，才能公开进行拍卖 ②拍卖活动必须公开进行 ③拍卖所得扣除客人积欠的费用后，将余额退还给客人

八、日常沟通工作

财务经理日常工作的很大一部分就是沟通工作，包括与上司沟通，与下属沟通，与同事沟通等。沟通的效果往往决定着工作的效果，因此，财务经理必须做好这项工作。

（一）向上司汇报工作

向上司汇报工作，是要使上司了解公司的财务状况，同时，也借着汇报时的沟通，财务经理能够了解公司高层对公司发展和财务部的期望，以作为日后工作关注的重点。

1.汇报要点

财务经理在向上司汇报工作时，需要注意的要点，如表1-20所示。

2.注意事项

财务经理在向上司汇报工作时，需要注意的事项如表1-21所示。

表1-20　汇报要点

序号	要点	说明	备注
1	精简	不要带着邀功的心态，极力强调工作的难处。此外，要把汇报的内容做得简明扼要	
2	针对性	汇报的内容要与原定目标和计划相对应，切忌漫无边际	
3	从上司角度看问题	使汇报的内容更为贴近上司的期望	
4	尊重上司评价，不要争论	争论需要三个阶段：提出问题的焦点，提出持不同观点的理由，寻找问题解决的途径。而在汇报时，根本没有时间把争论进行到第三阶段，因而上司也就无法赞同你的观点	
5	补充事实	在汇报完后，一般上司会给予评价，从中可以知道上司对哪些地方不很清楚，你可以补充介绍，或提供补充材料，加深上司对你所汇报工作的全面了解	

表1-21　汇报工作注意事项表

序号	注意事项	说明	备注
1	遵守时间，不可失约	应树立极强的守时观念，不要过早抵达，使上司准备未毕而难堪，也不要迟到，让上司等候过久	
2	轻轻敲门，经允许后才能进门	不可大大咧咧，破门而入，即使门开着，也要用适当的方式告诉上司有人来了，以便上司及时调整体态、心理	
3	汇报内容讲究	汇报内容要实事求是，汇报时要吐字清晰，语调、声音大小恰当	
4	注意礼仪	汇报时，要注意仪表，文雅大方，彬彬有礼	
5	汇报结束不可不耐烦	汇报结束后，上司如果谈兴犹在，不可有不耐烦的体态语产生，应等到由上司表示结束时才可以告辞	
6	告辞时要整理	告辞时，要整理好自己的材料、衣着与茶具、坐椅，当上司送别时要主动说“谢谢”或“请留步”	

（二）与下属进行沟通

与下属之间的有效沟通可以使你的团队会更富有生气、更富有战斗力。而这样的沟通可能每天都有机会进行。

1.哪些情况需要沟通

作为财务经理，要明确在什么情况下需要与员工进行沟通呢？一般发生下列情况时，就需要进行沟通了，见表1-22。

2.怎样进行沟通

财务经理要明白，沟通重要的是要达到“通”的目的，如果没有达到预期效果，沟通中出现障碍，那还不如不进行沟通。因此，在这里，就要明确怎样进行有效沟通。

财务经理要了解常见的沟通方式，主要有召开会议、单独一对一沟通、聊天式沟通，还可以充分利用网络进行沟通，如建立一个邮箱，专门收集员工意见，当然也可以将相关信息发送到公司员工QQ群里，或者是员工邮箱中。

3.学会倾听

倾听对财务经理至关重要。当员工明白自己谈话的对象是一个倾听者而不是一个等着作出判断的财务经理时，他们会毫不隐瞒地给出建议，分享情感。这样，财务经理和员工之间能创造性地解决问题，而不是互相推诿、指责。

4.及时反馈

沟通是双方的交流，因此财务经理必须重视员工的反馈。在反馈时，注意要点如表1-23所示。

表1-22　沟通情况表

序号	情况	沟通时间	是否需要
1	阶段性绩效考评结束之前的绩效沟通	立即	
2	工作职责、内容发生变化	立即	
3	工作中出现重大问题或某个具体工作目标未完成	立即	
4	表现出现明显变化，如表现异常优异或非常差	立即	
5	员工之间出现矛盾或冲突	立即	
6	员工对自己有误会	立即	
7	新员工到岗、员工离开公司	立即	
8	员工生病或家庭发生重大变故时	立即	
9	阶段性工作重点和方向	随时开展	
10	重大事件	随时开展	
11	需改进的方面及具体改进方案	随时开展	
12	明确对员工工作上的期望，明确说明其工作重要性	随时开展	
13	对工作方法、思路上自己的建议和个人经验	随时开展	
14	对工作过程中存在问题和改进建议	随时开展	

表1-23 反馈注意要点

序号	要点	具体操作	备注
1	针对特定行为	避免说“你态度不好”或“我对你所做的工作留下了很深的印象”等这类话	
2	保持反馈非个人化	让反馈针对特定的与工作有关的行为上，不要因为某人的一些不适宜行为而进行人身攻击	
3	围绕目标进行反馈	如果主要是为了你自己，“我总算说出了憋在心里的话。”那么请不要发言，这种反馈会降低你的可信度，削弱你以后反馈的意义和影响	
4	选择恰当时机	当反馈指向的行为和接受反馈的时间相隔很短时，反馈最有意义。当然，如果你没有充足的信息或者你因为其他事情而心情不好时，仅仅为了“快速”地提供反馈，就可以“推迟一些”	
5	确保理解	让接收者复述反馈内容，以确定他是否领会了你所想要表达的意思	
6	直率的负面反馈	在批评之余指导那些知道问题存在但不知道如何解决问题的员工	

九、日常文件整理

财务经理案头文件相当的多，不仅是纸质文件，还有电脑中的各类文件。因此，要将各种文件整理好，以便在需要时可以立刻找到。

（一）纸质文件

（1）财务经理可以将文件资料进行分类，如按照文件类别可分为财务报表类、工作计划类、工资类、财务法律法规类、税务筹划类以及个人文件等。也可以按照时间进行分类，以月或者周为单位进行整理。

（2）将现有文件柜中的废弃文件和不再使用的资料清除掉，留下的文件和资料要分别存放在柜子内的不同横档上。

（3）图纸与散页资料可以放到档案盒内存放。

（二）电脑文件

对于电脑中存放的文件，财务经理也要进行整理归类。通常比较混乱的区域是桌面、我的文档、系统中用户的文件夹、个人下载目录。

（1）删除确定不再需要的文件。

（2）将通用的文件存放在一个大的目录中。例如，使用“我的文档”，或者自己新建一个文件夹，把所有同类的文件和文件夹放在这一个大的文件夹内。这样方便备份和查找。

（3）创建其他一些目录分类存放在文件夹中。根据自己使用的习惯和要求，创建一些有意义的目录，这些目录分别存放相应分类的文件（夹）。如可以按照日期和时间，相关的人、活动事件，文件类型，地点等分类。

（4）创建子目录合理存放文件，在已经分好类的文件夹中，如果文件还是很多，尽量根据文件的属性，创建一些子目录，然后把相关的文件分别存放到子目录中。

（5）通过排序和重命名，重新整理文件夹中的文件，一目了然。

随手札记

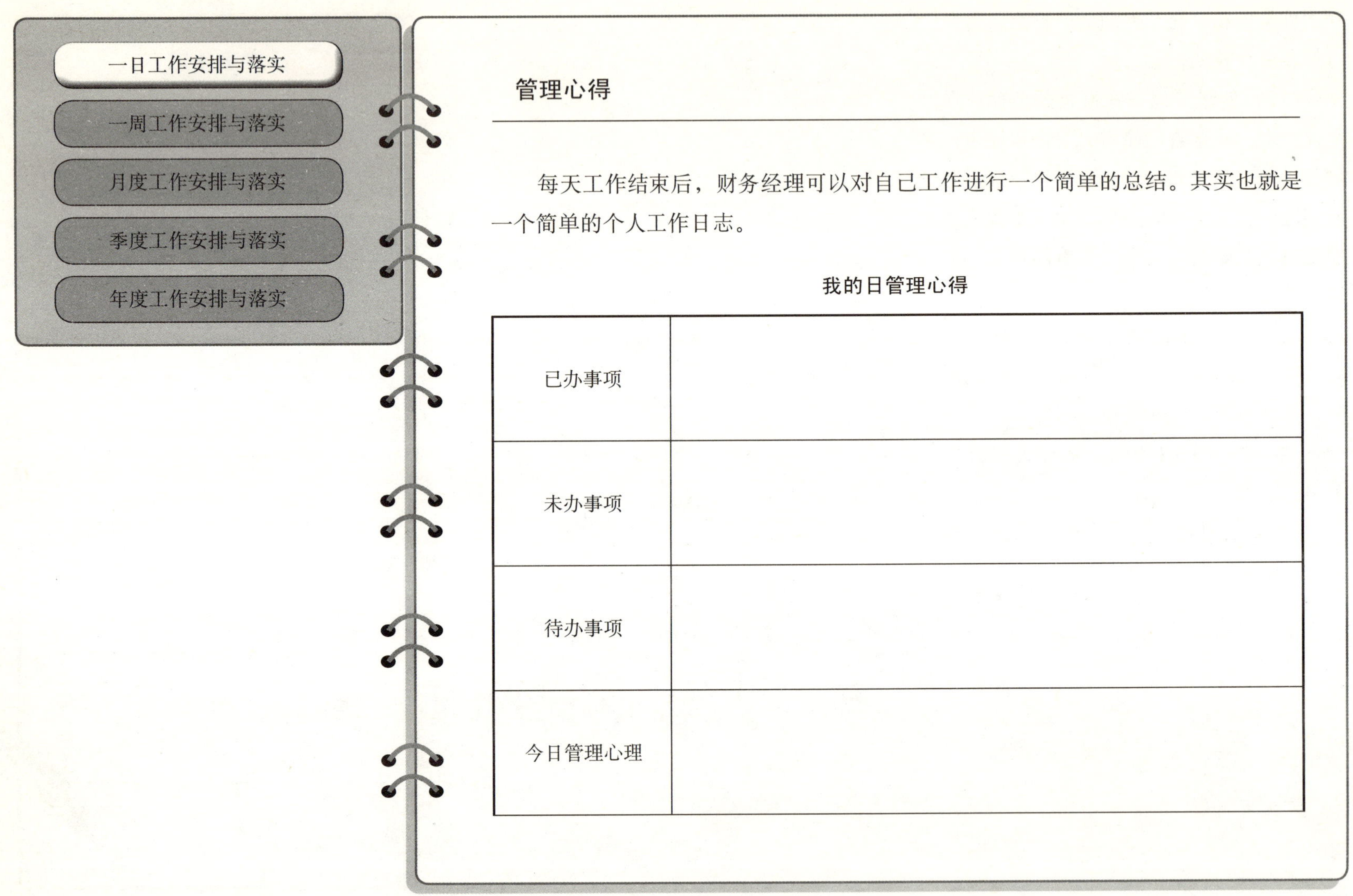

管理心得

每天工作结束后，财务经理可以对自己工作进行一个简单的总结。其实也就是一个简单的个人工作日志。

我的日管理心得

已办事项	
未办事项	
待办事项	
今日管理心理	

第二章

一周工作安排与落实

新的一周开始了，该怎样来做好你一周的工作呢？仔细想想，本周有哪些主要工作：有好几笔款要催收，有两个收银员离职要办理交接手续，有几份财务报表到最后期限了要呈交，企业税务政策有变化得向税务机关的工作人员了解一下，还有，要与餐饮经理一起制定采购成本管理方案……

惨啦！事情这么多，怎样才能理清呢？首先看一看，哪些必须在第一时间内完成，哪些可以稍微往后延……

如果你每周正处于这种忙碌“晕”的状态，那就要做好一周工作安排与落实。通过本章学习，相信你一定可以远离这种状态，从而让工作更加有条理，更加轻松愉快！

一、制订一周工作计划

（一）制订一周工作计划的时间

通常应在每一周的周末做工作总结的时候，财务经理就把下一周的工作计划制订出来。

（二）个人的周工作计划

1.对每周时间进行分析

财务经理可以从周一到周五，连续使用工作（活动）分项分析表（表1-3），将其统计结果分别填入表2-1。周六、周日一般不填，误差就是实际用时与计划之差，无计划的工作事项，计划用时则计为零。

特别提示：

对于每一周的工作事项，你可以参照第一章中日计划里对工作事项相关分析，将工作按照紧急重要性进行安排，确保完成重要工作。

表2-1　每周时间分析表

活动＼时间	计划用时							实际用时							误差
	周一	周二	周三	周四	周五	总计	排序	周一	周二	周三	周四	周五	总计	排序	
周例会															
抽查收银员作业规范															
对报销审批单据进行核查															
查阅国家财税新政策															
担任值班经理															
听取下属工作汇报															
与餐饮部核算本周原料成本控制															
与其他部门就财务事项沟通															
与税务等部门沟通															
处理私事															
休息															
整理、准备相关报表															
处理突发事件															
……															
总计															

2.制订个人工作计划

财务经理如何安排一周的时间呢？当然，可以制订一个周计划表，来对一周时间进行分配。表2-2是某酒店的财务经理的周工作计划表。

现在，你可以此为参考，来制作一份自己的周工作计划表。见表2-3。

表2-2　周工作计划表

序号	工作内容	阶段目标	目标完成时间							责任人
			周一	周二	周三	周四	周五	周六	周日	
1	审批各种资金支出	按授权程序与权限进行，在17:00前呈报或返回相关部门与人员	○	○	○	○	○	○		
2	催收账款	收回×××、×××供应商共×××元			○		○			
3	参加部门经理周例会	对酒店本周财务情况进行简要汇报					○			

表2-3　我的周工作计划表

序号	工作内容	阶段目标	目标完成时间							责任人
			周一	周二	周三	周四	周五	周六	周日	

随手札记

（三）部门周工作安排

财务部门的事情繁多且琐碎，作为部门经理，不必事必躬亲，而是要将各项事务妥善地安排到具体的责任人身上，自己则主要跟进（如表2-4所示）。当然，财务经理在安排的时候一定要充分授权。

表2-4　财务部周工作安排表

第　　月第　　周　　　__月__日到__月__日

	内容	工作要求	责任人	协助部门/人	完成情况
周一	完成本月工资等薪酬发放工作	按时完成	×××	人力资源部	
周二	做好各项货款及保证金收付核算	按时完成	×××	销售部、采购部	
周三	做好月度财务报表汇总上报工作	按时完成	×××		
周四					
周五					
周六					

二、主持财务部周例会

财务经理既要主持本部门周例会，还要参加部门经理周例会。因此要妥善协调好两者的时间，避免发生冲突。

财务经理每天都要参加部门早会，但那只是安排一天的工作。而周例会是对一周工作的总结，并为下一周工作的开展做好安排。因此财务经理必须为会议做好充分准备，学会如何主持会议。以下几点是主持会议的要点，只要遵照实行，可以提高工作效率。

（一）把握时间

开会最忌讳的就是拖延时间，因为每个人的时间都很宝贵，所以要让会议顺畅地进行，必须对每个议题的讨论时间作出限制。比如会议要讨论新会计员工培训议题和改进收银工作规范，但在如何改进收银工作规范上，与会者陷入了长时间的争论中，无法达成共识。

这时候财务经理就应当作出决断，将这项议题搁置，留待下次会议再讨论，而接着进行下一项讨论。财务经理要尽力避免耽误其他议题的讨论时间。

财务经理也可以在会前制定一张例会时间控制表，明确规定各项议题的讨论时间，超过限定时间就要立刻终止讨论。如表2-5所示。

（二）秉持民主作风

会议最好的模式是民主，而非专制。财务经理不应试图影响与会者，作出自己想要的结论，更不要只凭自己的职衔或权力来命令他人。一个优秀的财务经理

表2-5 例会时间控制表

姓名：　　　　　　　　　　　　　会议日期：

议题＼时间	限定时间	实际用时	中止原因
本周酒店各部门财务数据分析和总结			
国家最新财税信息通报			
本周餐厅收银员招聘			
审查及编制本月餐饮记录，计算餐饮成本			
……			

应该使用说服，而不是强迫的方式来达成目标。

因此，财务经理在主持会议时应态度和蔼，多用询问的口吻，比如“××，你对本周预订率下降有什么看法”或者“××，你觉得本周客人投诉增加的原因是什么？有什么解决办法呢？”，切不可独断专行，以至于挫伤与会者的积极性，使会议无法成功举行。

（三）明确例会目的和议程

任何会议都必须有明确的目的，要提出什么问题，如何解决，解决方法有哪些，哪种方法更好。所有讨论都要围绕解决问题，达成目标而进行，切不可变成漫无目的的闲聊或争吵。为此，财务经理必须建立明确的例会议程，以使会议有条不紊地进行下去。

随手札记

（四）做好会议记录工作

周例会对财务部开展一周工作意义非常重大，因此，财务经理应安排专门人员做好会议记录工作，以下提供一范例供参考。

【范例04】

××酒店财务部周例会纪要

时间：___年___月___日早8:00～8:30

人员：×××、×××、×××、×××

一、会议议题

1.各部门工作任务分配。

2.工作流程和常规制度。

二、会议结果

工作任务分配

1.财务主管：×××

（1）负责管理支票。

（2）负责管理网上银行卡。

（3）负责从银行提现。

（4）签批常规性结账付款支出凭据。

2.主管会计：×××

（1）根据财务制度审核支出凭据。

（2）签批常规性结账付款支出凭据。

（3）负责银行账号的管理。

3.出纳：×××

（1）负责银行、邮政途径收支。

（2）负责及时把收支记录刊登到财务公开栏。

4.网络会计：×××

（1）负责根据财务公开栏信息经常性地更新电子账簿。

（2）负责管理财务部论坛，把需要查询的信息通知各相关知情人回复。

（3）补充财务公开栏资助人汇款信息摘要。

5.第一责任人：×××

（1）负责监督财务部运行。

（2）负责组织志愿者筹集捐款。

（3）负责签批所有支出凭据。

（4）正面答复捐款人的质问。

三、参加部门经理周例会

财务经理每周都要参加部门经理会议，此时是作为一个会议参加者而参与会议，那参加会议时要做好哪些事项呢？

（一）有准备地赴会

财务经理在走进会议室之前，首先要弄清楚几个问题，比如谁召集了这次会议，为何召集等。当然周例会作为常规性会议，情况一般都比较清楚，通常都是总经理召开会议，各部门经理参加。但如果是紧急会议就不一样了，因此要明确开会讨论的问题，最好做一张表，如表2-6所示。

财务经理最好将会议中需要讨论的问题或事情事先列出来，在参加会议时可以用来提醒自己。财务经理需要准备好上周工作总结和本周工作计划，以便向总经理做好汇报工作，以及与其他部门进行有效的沟通。

通常财务经理需要在会议上提出如下报告：

表2-6　需要明确事项

序号	问题	是否明确	备注
1	谁召集这次会议	□是　□否	
2	财务部相关报告是否已准备妥当	□是　□否	
3	本次会议是否会继续讨论上次会议遗留问题	□是　□否	
4	是否为了解决棘手的问题而召开	□是　□否	
5	是否对会中涉及本部门的事项足够熟悉	□是　□否	
6	是否需在财务部进行消防演习	□是　□否	

（1）提供上周酒店各部门财务分析报告。

（2）通报上周工作完成情况及未完成工作的原因和预计完成的时间。

（3）通报上周相关部门对本部门工作的配合情况。

（4）通报上周本部门员工培训情况。

（5）通报财务部费用开支情况与预算费用对比。

（6）通报相关账款追缴情况。

（二）做好会前沟通

如果有新的问题，可能与其他部门产生冲突或纠纷，财务经理就要格外小心，因为财务经理每天都要与各部门沟通合作，一旦与他们发生冲突，可能会影响工作的正常进行。

财务经理先要判断该问题是否需要在例会上提出，若要提出，最好在会前与相关部门进行沟通。能在会前解决的，就不必提到会上，从而造成不必要的麻烦。

随手札记

（三）寻求沟通方法

会议场合中的沟通媒体除了有声的语言之外，无声的语言——诸如仪容、姿态、手势、眼神、面部表情等，也都扮演着相当重要的角色。财务经理应该特别留意以下几个方面。

（1）仪容要整洁。蓬头垢面者通常得不到与会者的好感。财务经理作为财务部的最高负责人，更应做到这一点。

（2）准时或提早抵达会场。

（3）避免穿着奇装异服。为稳妥起见，穿戴应尽量趋于保守。

（4）留意坐姿。最理想的坐姿是脊椎骨挺直但却不僵硬，因为只有这样，你才能在轻松的状态下保持注意力。

（5）借手势或物品引起注意并强调自身的观点。以手势配合说话的内容，可以令听众印象深刻。手势的大小视你所想强调的内容而定。谈细节的时候，手势要小；谈大事时，手势要加大。运用手势时，你必须考虑周围实体环境的情况。外界的空间越大时，手势可越夸张；外界的空间越小时，手势应越收敛。

特别提示：

在参加会议时，切记不可两眼闪烁，或是斜眼看人，因为这样会使人对你的动机或品格产生不良的评价。同样忌讳的是，以求情的眼光看人，因为这样会削弱你说话的分量。

四、收集最新财税信息

财务经理须保持敏锐的头脑，及时收集税务信息，掌握国家最新政策，以便能更好地进行税务筹划。财务经理要收集的税务信息包括企业外部和企业内部的税务信息收集、整理、传输、保管，以及分析、研究、教育与培训等。

通常情况下，财务经理可以通过如下途径收集税务信息：

（1）通过税务机关获取免费的税务法规及税收政策信息。

（2）通过政府网站、政策公告等获取最新税收政策优惠信息。

（3）通过订购税务专业刊物或出版物获取税务处理方法、案例及其他动态信息。

（4）通过报章获取各类综合信息和动态信息。

（5）通过与税务、审计等中介机构合作获取有关内部信息。

（6）通过专门的税务咨询网站获取所需的各类信息等。

五、担任值班经理

酒店是一个24小时不间断地向客人提供安全和服务保障的特殊行业，不得有丝毫疏忽。为了对客服务的全天候政令畅通、服务规范、处理问题及时，除正常的组织管理之外，需另设值班经理负责指挥日班之外的工作，以保证酒店运转始终处于良好状态（包括周末、节假日）。

值班经理由酒店总经理、各部门经理轮流担任。所有值班人员应首先掌握所有岗位操作标准及行为规范。各部门在开班后会的时候要告知今日值班经理姓名、职务、电话分机、手机号码。

（一）值班流程

财务经理根据总经理办公室的排班要求担任值班经理，一般每周一天，具体值班流程可参考以下范例。

【范例 05】

××酒店值班流程

一、值班的汇报及交接规定

1.早会值班经理汇报工作：反映客人的意见，汇报发现的问题及问题分析，提出需要跟办的事情。

2.昨日值班经理向今日值班经理交接，交接“值班经理工作日志”，交代需要跟办的事项。

二、值班岗位职责及标准

1.根据总办排定的值班表，提前做好值班准备工作，了解如下情况：

（1）酒店今日客房出租率。

（2）今日在店、抵店、离店客人人数。

（3）今日酒店有无团队、会议信息。

（4）今日酒店有无宴会活动信息。

（5）今日酒店内有无计划内可能对客人造成影响的事件如：停水、停电、停气、电梯维修、改建、装修、消防演习、工程维修等。

2.值班期间，确保手机24小时处于开机状态（保证手机电池电量充足），工作电话接听率100%，穿工作装。

3.密切关注经营、运转情况，及时做好组织协调和服务工作。

4.负责做好夜间安全的预防工作，妥善处理酒店夜间发生的治安问题。检查各安全岗、安全通道，以消除各种隐患，保证酒店财务以及客人的人身财产安全。

5.加强夜间巡视，特别是酒店重要部位的巡查工作，发现问题及时解决，并做好工作记录。

6.值班期间巡视后勤区域（各部内务、各种设备间、员工餐厅等）及时发现问题，采取有效措施，妥善处理。

7.处理客人的投诉。遇到客人对酒店

随手札记

的投诉时，认真倾听并在工作日志上做好书面记录，无论对错都不做争执，并站在客人立场上，以期尽快平息客人的不满。在考虑酒店的利益得到最大保护的同时，可以适当地满足客人的合理要求，以维护酒店的良好声誉。

8.主动征求客人的意见，对客人的意见及时加以分析、处理，并采取预防措施，促进酒店优质服务的开展和质量的改进。

9.维护整个酒店温馨祥和的营业气氛。

10.早会上值班经理要对昨天的当班情况进行汇总说明，对检查过程中的不合格项进行评析，各部门经理针对不合格项提出整改措施，下一值班经理对其进行质量跟踪和落实。

11.值班经理负责对各部门员工仪容仪表规范进行监督落实。

12.及时处理酒店突发事件，维护酒店利益不受损害。

13.协调各部门之间的关系，并接受和处理酒店内部员工投诉。

14.监督上岗员工的工作表现，对违纪员工有权按章予以处理，对工作中表现突出的员工，有权向相关部门建议给予物质或精神奖励。

15.审查和核批业务部门在岗最高人员权限以外的优惠、减免事宜。凡确属紧急情况须减免或优惠的，应做好详细记录并逐级汇报。

（二）填写值班日志

财务经理在担任值班经理时，要按照以上流程仔细巡查整个酒店，当值班结束时，要认真填写当日值班日志，具体内容如表2-7所示。

表2-7　值班经理工作日志表

星期：　　　　天气：　　　　值班经理：

<table>
<tr><td colspan="2">酒店当日营收</td><td></td></tr>
<tr><td colspan="2">酒店重大接待活动</td><td></td></tr>
<tr><td rowspan="6">质量检查项目</td><td rowspan="2">客房两间（含：清洁卫生及设施设备维护保养情况；客房清理、开夜床情况；客用品配置情况等）</td><td>房号：
检查情况：</td></tr>
<tr><td>房号：
检查情况：</td></tr>
<tr><td rowspan="4">营销：包厢、散台、厨房（含：清洁卫生及设施设备维护保养情况；客用品配置情况；餐前准备及餐中服务情况等）</td><td>西早及送餐：
检查情况：</td></tr>
<tr><td>散台：
检查情况：</td></tr>
<tr><td>包厢：
检查情况：</td></tr>
<tr><td>厨房：
检查情况：</td></tr>
</table>

（续表）

<table>
<tr><td rowspan="9">质量检查项目</td><td rowspan="3">娱乐（健身或游泳淋浴房、足浴房，棋牌室）</td><td>淋浴房：</td></tr>
<tr><td>足浴房：</td></tr>
<tr><td>棋牌室：</td></tr>
<tr><td>公共区域卫生及设施维护情况
1.联排区域外围
2.垂钓区域外围
3.豪华区域外围
4.所有消防步行梯
5.垃圾站、气站及酒店外围</td><td></td></tr>
<tr><td>后台卫生及工作情况：员工食堂、员工宿舍（公共区域、员工宿舍、主管或领班宿舍）、员工俱乐部、更衣室、地下车库、后台办公室等</td><td></td></tr>
<tr><td rowspan="3">员工在岗情况：抽查几名不同部门不同岗位员工（含：在岗情况、文明礼貌、行为举止、个人卫生；酒店营运知识、消防知识、本岗位服务程序及标准等）</td><td>姓名及岗位：</td></tr>
<tr><td>姓名及岗位：</td></tr>
<tr><td>姓名及岗位：</td></tr>
<tr><td>设施设备运转情况、施工安检情况（清场情况、安全隐患）、节能降耗情况（能源控制、成本控制）</td><td></td></tr>
<tr><td>重大事件</td><td>1.客人投诉及处理情况（经过及处理过程）：
2.其他需要说明的问题（客人意见及重大管理隐患）：</td><td></td></tr>
</table>

制表：　　　　　　　　　　　　总经理签订：

随手札记

财务经理在值班期间，对酒店各部门的检查工作应参照国家旅游局关于星级饭店评定的最新标准《旅游饭店星级的划分与评定》GBT 14308—2010，对五星级酒店的各项要求。

因为前厅部、餐饮部等部门在其部门经理担任值班经理时会仔细检查，因此财务经理应重点检查酒店宴会厅等公共区域，如楼梯、走廊、公共卫生间等，新标准对五星级饭店的要求，如表2-8所示。

表2-8　新标准对公共、后台区域（五星级饭店）的要求

6.公共、后台区域	
6.1	周围环境
6.1.1	庭院（花园）完好，花木修剪整齐，保持清洁
6.1.2	停车场、回车线标线清晰，车道保持畅通
6.1.3	店标（旗帜）、艺术品等保养良好、无破损、无污渍
6.2	楼梯、走廊、电梯厅
6.2.1	地面：完整，无破损、无变色、无变形、无污渍、无异味
6.2.2	墙面：平整，无破损、无裂痕、无脱落、无污渍、无水迹、无蛛网
6.2.3	天花（包括空调排风口）：平整，无破损、无裂痕、无脱落、无灰尘、无水迹、无蛛网
6.2.4	灯具、装饰物：保养良好、无灰尘、无破损
6.2.5	家具：洁净、保养良好、无灰尘、无污渍
6.2.6	紧急出口与消防设施：标志清晰，安全通道保持畅通
6.2.7	公用电话机：完好、有效、清洁
6.2.8	垃圾桶：完好、清洁
6.3	公共卫生间
6.3.1	地面：完整，无破损、无变色、无变形、无污渍、无异味、光亮
6.3.2	墙面：平整，无破损、无裂痕、无脱落、无灰尘、无水迹、无蛛网
6.3.3	天花（包括空调排风口）：平整，无破损、无裂痕、无脱落、无灰尘、无水迹、无蛛网
6.3.4	照明充足、温湿度适宜、通风良好
6.3.5	洗手台、马桶、小便池保持洁净、保养良好、无堵塞、无滴漏

六、客人账务监督

为吸引更多客人入住酒店以及留住常客，酒店常会提供账务方面的一些优惠服务，例如赊账、透支等。这些服务都是先消费后付账，一旦有客人消费后没有付账，直接逃掉，就可能对酒店造成巨大损失。作为酒店的财务经理，必须做好对客人的账务监督工作。

（一）客人赊账监督

1.客人订房后赊账监督

（续表）

6.3.6	梳妆镜完好、无磨损，玻璃明亮、无灰尘、无污渍
6.3.7	洗手液、擦手纸充足，干手器完好、有效，方便使用，厕位门锁、挂钩完好、有效
6.3.8	残疾人厕位（或专用卫生间）：位置合理，空间适宜，方便使用
6.4	后台区域
6.4.1	通往后台区域的标志清晰、规范，各区域有完备的门锁管理制度
6.4.2	后台区域各通道保持畅通，无杂物堆积
6.4.3	地面：无油污、无积水、无杂物，整洁
6.4.4	天花（包括空调排风口）：无破损、无裂痕、无脱落、无灰尘、无水迹、无蛛网
6.4.5	墙面：平整，无破损、无开裂、无脱落、无污渍、无蛛网
6.4.6	各项设备维护保养良好，运行正常，无“跑、冒、滴、漏”现象
6.4.7	在醒目位置张贴有关安全、卫生的须知
6.4.8	餐具的清洗、消毒、存放符合卫生标准要求，无灰尘、无水渍
6.4.9	食品的加工与储藏严格做到生、熟分开，操作规范
6.4.10	有防鼠、防蟑螂、防蝇类、防蚊虫的装置与措施，完好有效
6.4.11	各类库房温度、湿度适宜，照明、通风设施完备有效，整洁卫生
6.4.12	下水道无堵塞、无油污，保持畅通无阻
6.4.13	排烟与通风设备无油污、无灰尘，定期清理
6.4.14	垃圾分类收集，日产日清，垃圾房周围保持整洁，无保洁死角
6.4.15	员工设施（宿舍、食堂、浴室、更衣室、培训室等）管理规范，设施设备保养良好、整洁卫生

客人订房后赊账监督防范，如表2-9所示。

表2-9　客人订房后赊账监督防范

序号	防范方法	原　因
1	检查订房方式	保证订房有赊账服务，避免没有保证订房或临时预订没有赊账服务
2	在入住时要求没有保证订房或临时预订的客人事先付款	避免客人在入住时产生误解及不悦
3	确认房价的报价金额	避免报价过低而减少了酒店收益及争吵的产生
4	要求团队或特殊促销方案的客人预先付款，告知这类客人若取消订房要没收定金	避免临时取消订房造成的损失，确认团队或特殊促销形成的订房
5	询问结账的方式	避免误会产生，确认客人取消订房将没收定金(这样才可以减少酒店的损失)
6	确认由公司结账的客人账单明细	提供由公司付款、用现金或信用卡付款的客人赊账服务，确认客人知道酒店可接受的结账方式有哪些，允许信用好的公司使用赊账服务

2.客人入住时赊账监督

客人赊账信用管控程序，建立在给客人赊账额度及确认客人有能力可以结账基础上，具体管控防范如表2-10所示。

（二）客人信用额度监督

1.客人住店期间信用额度监督

酒店与客人之间的交易多发生在客人住店期间，因此，在客人住店期间，财务经理要严密监督客人的信用额度。具体方法为：

(1) 收银员会依据赊账上限对客人账单总额加以监督，账单通常会在客人赊账额满或即将额满时列出。

(2) 接待员、夜间稽核人员和信用监督负责人通常要负责处理账单间的平衡。当客人按时结账后，再产生另一份新账单。信用监督负责人会将附有信件的账单送至客人房间，请求客人到接待处结账。若客人对账单或赊账政策有疑问，可以向接待员或经理询问。

(3) 有时客人会忘记到总台结账，此时经理就必须亲自跟客人联络，可以打电话到客人房间，或者等客人到总台领取钥匙时和客人联络。若无法联络到客人，或者客人有意回避前厅部人员时，客人的房间要上锁，此时，客人若要进房就必须先和经理联系。

2.客人离开后信用额度监督

由公司及旅行社结账的账单在客人离开后，酒店并不会马上收到账款。因此，

表2-10　客人入住时赊账监督

防范方法		采取原因
检查订房状态	请无保证订房及临时客人事先付清房价	提供赊账服务给保证订房的客人；在无保证订房的客人、临时客人、临时预订客人事先以现金或信用卡付清房价后，可以提供赊账服务
检查账单的形式	旅行社证明文件。确认证明文件包含的费用及客人将用何种方式付清其他费用	确认客人会付清其他应付款账，并询问付款方式
	团体客人。与领队确认账单的安排，主要账单交由旅行社，其他应付款账单则由客人自行付清	确认客人会付清其他应付款账
	公司账单。确认是否全部的费用都由公司结账；如果不是，询问客人将用何种方式付清其他应付款账	确认客人会付清其他应付款账
确认付款方式	以现金结账。将房价列在登记卡或房号卡上，以提醒客人；另外要通知客人在酒店的赊账额度	客人可以预估自己在退房时所需的金额；当客人的消费金额已经接近赊账额度时，酒店要求客人先付清部分费用，客人不会感到不高兴
	以信用卡结账。要确认酒店是否接受该信用卡	确认客人使用的结账方式是酒店所接受的，以避免客人退房时，因为酒店不接受该卡而产生不愉快

客人离开后，他的账单会转成外客签账，由财务部门负责保存，而公司账分成几个个别账。在月底，财务部门会将账单明细寄给公司请求结账，并且要求公司在30天之内付清账款。

特别提示：

有些公司会延长结账时间。在这种情况下，财务部门应采取必要的措施请求公司结账。

七、酒店票据管理

（一）制定票据管理制度

酒店的经营活动会产生大量报表，也会产生很多票据，如发票、账单、各种礼券等。大部分票据都是对客人消费的证明，如发票是指酒店为客人消费酒店产品而提供给对方的收付款的书面证明，是财务收支的法定凭证，是会计核算的原始依据，也是审计机关、税务机关执法检查的重要依据。

财务经理要做好酒店各种票据的管理工作，尤其是发票的管理工作。为了使这些工作有章可循，财务经理应制定相应的管理制度进行规范化管理，以下提供一范例，供参考。

【范例06】

××酒店发票管理制度

1.发票管理。

1.1 由日审员/收银主管到税务局统一购买发票，并根据发票面额和号码进行编号，做好记录及保管。

1.2 由收银主管/领班领取各收银点应使用的发票，在发票登记本或是其他登记本上写上领用本数和票面金额。并仔细检查是否有缺号、重号、缺页、重页等情况，及时向日审员反映并更换。

1.3 日审员根据每日的“各收银点发票使用情况表”汇总各部门发票使用总数，不定期与收银主管/领班对各收银点的发票盘点表核对，确定各部门的发票实际使用数额，并填制“各部门发票使用情况表”。

1.4 各收银点在使用完整本发票后，应将整本发票存根联经主管/领班上交到日审员处，日审员做好发票核销工作。

1.5 根据“各部门发票使用情况表”的汇总及上交的发票存根联和营业收入确定的营业额申报应交税金。

2.票据管理。

2.1 用于赠送的餐券、各活动的优惠券、月饼券、押金单、结账单等连号单据（下称有价票据），由日审员统一到仓库领取。

2.2 押金单/结账单等由收银主管/领班到日审领取，并仔细检查是否有缺号、重号、缺页、重页等情况，及时向日审员反映并更换。日审员做好记录。

2.3 各部门因业务需要领用赠送的餐券及其他优惠券的，需填写领料单经财务经理/总经理签批后，到日审处领用，日审员要做好记录。

2.4 核数员要做好有价票据的使用登记工作，每天对当天所上交的有价票据进行销号登记，及时发现缺号使用情况，查明原因。

2.5 每周需对各种有价票据进行盘点，并抽查是否与登记的使用情况一致，有出入的，需与使用者（部门）一起查明原因，做好备忘录工作。

3.收银发票管理要求。

3.1 每个收银点应视营业情况，领取3～4本账单，1～2本发票，由收银主管/领班到财务部日审员处进行登记和领用手续，交班须书面签字交接。

3.2 每一笔营业收入都须开具一张账单，禁止虚开发票现象。

3.3 账单只能用于营业场所，经收银机的打印方可有效。

3.4 账单须连号使用，不得跳号，每使用一张账单都须在账单控制表上登记，下班时填写“各收银点发票使用情况表”。

3.5 客人若需开发票时，应一式三联套写，开票时须注明付款人单位名称、日期、用途、金额、付款方式，将记账联订在账单前面交财务。餐饮定额发票存根联须写上账单号码。

3.6 若发生错误的账单、发票要作废，须经有关经理签字说明原因，盖上“作废”章将作废账单一起交财务。

3.7 使用中若发现由于印刷、包装等原因造成的错误发票，不得擅自丢弃或处理，应及时上报。

（二）每周票据检查

财务经理每周需对各种票据，尤其是有价票据，如发票等，进行抽查，具体表格表单可参考本书第一章相关内容。财务经理要检查它们是否与登记的使用情况一致，有出入的，需与使用者（部门）一起查明原因，做好备忘录工作。

随手札记

八、税务登记证年检

（一）税务登记证年检办理时限

税务登记证一般3年要换证，具体时间由国家税务总局确定，并进行公告，全国统一换发。证件有效时间领取登记证之日起至换发截止之日（换证当年领取的登记证无需换证，有效期延续至下一换证时间）。税务登记证同时需要年检，年检时间要查看当地主管税务机关通知。财务经理要安排部门人员做好相关工作。

（二）税务登记证年检相关资料

财务经理要为年检准备好以下资料：

（1）酒店上年12月31日资产负债表、上年度利润表。

（2）酒店上年度会计账册（总账、明细账）。

（3）酒店上年12月31日止开户银行的银行对账单。

（4）酒店上年12月31日短期投资余额清单。

（5）酒店上年12月31日应收账款余额清单。

（6）酒店上年12月31日其他应收款余额清单。

（7）酒店上年12月31日存货明细清单（以实物投资的酒店提供）。

（8）酒店上年12月31日固定资产明细清单（以实物投资的酒店提供）。

（9）酒店法人营业执照。

（10）酒店章程。

（11）酒店验资报告。

（12）酒店实收资本到位进账单复印件。

九、监督会计人员工作交接

当财务部内有会计人员调动、离职等情况发生时，就有工作方面的交接，财务经理必须负责对交接工作进行监督。

（一）会计人员工作交接

（1）会计人员在调动工作或离职时必须办理会计工作交接，没有办清交接手续不得调动或离职。

（2）会计人员临时离职或因病不能工作，需要接替或代理的，财务负责人或单位负责人须指定专人接替或者代理，并办理会计工作交接手续。

（3）临时离职或因病不能工作的会计人员恢复工作时，应当与接替或代理人员办理交接手续。

特别提示：

移交人员因病或其他特殊原因不能亲自办理移交手续的，经单位负责人批准，可由移交人委托他人代办交接，但委托人应当对所移交的会计凭证、会计账簿、财务会计报告和其他有关资料的真实性、完整性承担法律责任。

（二）办理会计工作交接的基本程序

办理会计工作交接的基本程序如图2-1所示。

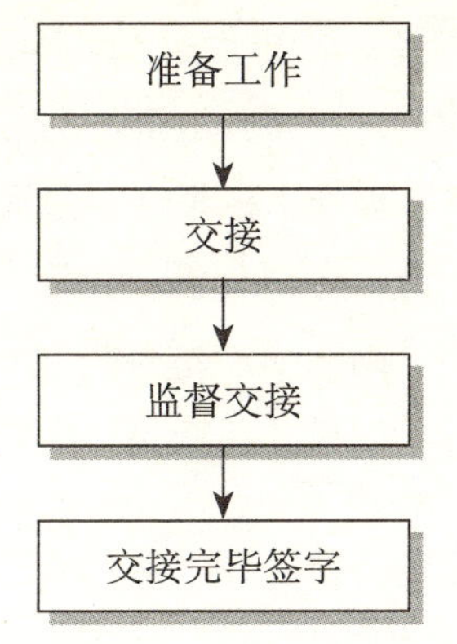

图2-1　办理会计工作交接的基本程序图

1.准备工作

不同人员会计交接的准备工作是不一样的，如表2-11所示。

2.交接

财务经理应要求交接双方在规定的期限内，按照移交清册列明的内容逐项进行交接。

（1）现金要根据会计账簿记录余额进行点交，不得短缺。接替人员如发现不

表2-11　不同人员会计交接的准备工作

序号	人员类别	准备工作
1	会计人员	（1）已经受理的经济业务尚未填制会计凭证的应当填制完毕 （2）尚未登记的账目应当登记完毕，并在最后一笔余额后加盖经办人员印章 （3）整理好应该移交的各项资料，对未了事项和遗留问题要写出书面说明材料 （4）编制移交清册，列明应该移交的会计凭证、会计账簿、财务会计报表、印章、现金、支票簿、发票、文件、其他会计资料和物品等内容；从事会计电算化工作的移交人员，应在移交清册上列明会计软件及密码、会计软件数据盘及有关资料、实物等内容
2	财务负责人	应将全部财务会计工作、重大的财务收支和会计人员的情况等向接替人员介绍清楚，对需要移交的遗留问题应写出书面材料

一致或"白条抵库"现象时，移交人员在规定期限内负责查清处理。

(2) 会计凭证、会计账簿、财务会计报告和其他会计资料必须完整无缺，不得遗漏。如有短缺，必须查清原因，并在移交清册中加以说明，由移交人负责。

(3) 银行存款账户余额要与银行对账单核对相符，如有未达账项，应编制银行存款余额调节表调节相符。

(4) 各种财产物资和债权债务的明细账户余额，要与总账有关账户的余额核对相符。对重要实物要实地盘点，对余额较大的往来账户要与往来单位、个人核对。

(5) 移交人员经管的印章、票据及其他会计用品等必须交接清楚。

(6) 从事会计电算化工作的交接双方应在电子电脑上对有关数据进行实际操作，检查电子核算数据是否能正常运行，确认有关数字是否正确无误。

3.监督交接

办理会计工作交接时，财务经理最好亲自在场监督，以保证交接工作的顺利进行。

(1) 一般会计人员办理交接手续，由财务负责人监交。

(2) 财务负责人办理交接手续，由酒店总经理监交。

4.交接完毕签字

会计工作交接完毕后，交接双方和监交人在移交清册上签名或盖章，并在移交清册上注明：公司名称、交接日期、交接双方和监交人的职务、姓名，移交双方各执一份，存档一份。接管人员应继续使用移交前的账簿，不得擅自另立账簿，以保证会计记录前后衔接，内容完整。见表2-12。

表2-12　会计移交清单

兹有________部门，因工作需要，会计工作从____年____月____日起将移交给____________，现将具体事项移交如下：

一、账簿

1.本年1月至移交上月止的会计账簿余额（大小写）________________________________，（是指银行存款余额，要求必须与银行、出纳核对无误，并加盖银行、出纳印章）

2.移交本年1月至移交月的账簿（要打出来装订好）

3.所管的____年____月____日至____年____月____日止的会计账簿册数（可列表附后）

4.所管的____年____月____日至____年____月____日止的出纳账簿册数（可列表附后）

5.往来账（需要说明发生原因，处理意见）

二、会计凭证

1.本年至所移交止月会计凭证本数

2.所管的_____年_____月_____日至_____年_____月_____日止会计凭证册数，必须装订好移交（可列表附后）

三、会计报表

（续表）

1.移交本年1月至移交月的会计报表

2.所管的会计报表____年____月____日至____年____月____日止会报表册数，必须装订好移交（可列表附后）

四、其他会计资料

____

五、实物

____

六、附表（顺序）

附表一（资产负债表）

附表二（科目余额表）

附表三（往来款明细表）

附表四（会计账簿清册）

附表五（出纳账簿清册）

附表六（会计凭证清册）

附表七（会计报表清册）

附表八（实物清册）

兹移交

移交人：

接收人：

监交人：

年　　月　　日

随手札记

（三）移交后的责任

移交人对自己经办且已经移交的会计资料的合法性、真实性、完整性负责，即便接替人员在交接时因疏忽没有发现所接会计资料在合法性、真实性、完整性方面的问题，如事后发现仍应由原移交人员负责，原移交人员不应以会计资料已移交而推卸责任。

十、酒店经营成本控制

财务经理作为酒店财务工作的主要负责人，应配合总经理，协同酒店各职能部门做好各项成本控制工作。一般来说，酒店的成本主要出现在三个方面，即餐饮成本、客房用品成本以及人工成本。财务经理可以与这些部门经理合作，从这三个方面来做好酒店的成本控制工作。

（一）餐饮成本控制

餐饮成本的控制贯穿原材料的采购控制、验收控制、储存控制、发放控制、加工控制、烹调控制和销售形成的全过程。

1.生产前控制

生产前包括采购控制、验收控制、储存控制和发放控制，具体如表2-13所示。

表2-13　生产前控制

序号	类别	控制方法	备注
1	采购控制	（1）严格编制厨房采购明细单。厨师长或厨部的负责人每天晚上根据酒店的经营收支、物资储备情况确定物资采购量，并填制采购单报送采购部门 （2）严格控制采购数量。在决定采购数量时，既要综合考虑市场的行情，（如下个月的燃料油价将上涨，现在就可以大量购进），又要考虑储存时的人力和电力等费用 （3）严格采购询价报价体系，专门设立物价核查制度，定期对日常消耗的原辅料进行广泛的市场价格咨询	
2	验收控制	检验购进的食材的质量是否符合厨房生产的要求，数量和报价是否和订货量一致	
3	储存控制	（1）保证各种食材的质量和数量，尽量减少自然损耗 （2）注意掌握各种食材的日常使用和消耗动态，合理控制库存，加速资金周转 （3）科学地整理、分类存放各种食材，便于收发盘点	
4	发放控制	（1）鲜货管理员应该统计出当天的鲜货入厨的品种、数量、金额 （2）干货调料在发放时应该严格根据领料单发货 （3）规范干货调料的发放时间和次数，避免随便领料，减少浪费	

2.在生产中的控制

在生产中的控制主要包括三部分，如图2-2所示。

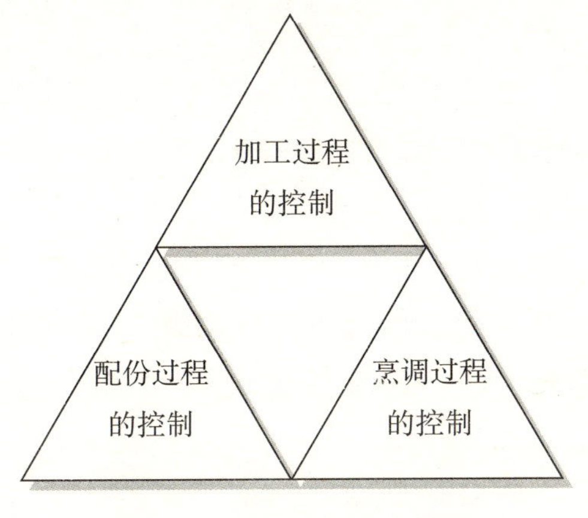

图2-2　在生产中的控制图

（1）加工过程的控制。

加工过程包括了食材初加工和细加工，初加工是指食材的初步整理和洗涤，而细加工是指对食材的切制成形，在这个过程中应对加工净出率和数量加以严格控制。食材的净出率即食材的利用率，控制应规定各种净出率指标。

加工数量应以销售预测为依据，满足需要为前提，留有适量的储存周转量，避免加工过量而造成浪费，并根据剩余量不断调整每次的加工量。

（2）配份过程的控制。

配份过程的控制是食品成本控制的核心，也是保证成品质量的重要环节。

在配份中应执行规格标准，使用称量、计数和计量等控制工具。通常的做法是每配两份到三份称量一次，如果配制的分量是合格的可接着配，然而当发觉配量不准，那么后续每份都要称量，直至确信合格了为止。

凭单配发，配菜厨师只有接到餐厅客人的订单，或者规定的有关正式通知单才可配制，保证配制的每份菜肴都有凭据。

杜绝配制中的失误，如重复、遗漏、错配等。

（3）烹调过程的控制。

从烹调厨师的操作规范、制作数量、出菜速度、剩余食品等几个方面加强监控，具体如表2-14所示。

表2-14　烹调过程的控制表

序号	类别	具体内容
1	操作规范	必须督导炉灶厨师严格按操作规范工作，任何图方便的违规做法和影响菜肴质量的做法都应立即加以制止
2	制作数量	严格控制每次烹调的生产量，这是保证菜肴质量的基本条件，少量多次的烹制应成为烹调制作的座右铭
3	出菜速度	在开餐时要对出菜的速度、出品菜肴的温度、装量规格保持经常性的督导，阻止一切不合格的菜肴出品
4	剩余食品	剩余食品在经营中被看作是一种浪费，即使被搭配到其他菜肴中，或制成另一种菜

3.生产后的控制

生产后的成本控制主要体现在实际成本发生后，财务部将各项成本率和计划成本率提供给餐饮部进行比较、分析，找出问题，分析原因，及时调整，为下一次制订生产预测和计划提供依据，为企业赢利。

（二）客房用品成本控制

1.编制采购计划

客房部要根据实际工作需要，及时做好要求增加物品与设备的计划，报采购部门及时采购所需的各种物品与设备，以保证客房经营活动的正常进行。

酒店客房设备及清洁设备一般在开业之初就已准备就绪，但作为客房部经理，如果在酒店开业之初就参与管理，就要提出客房设备及清洁设备的采购计划。或者虽然是在酒店开业后才介入酒店客房管理工作的，那么，当客房更新改造计划制订与实施之际，也必须要参与其中。

2.做好设施设备管理工作

设施设备购进以后，客房部经理必须严格审查。同时设立物品与设备保管员，具体负责物品与设备的分配、领用和保管工作。

保管员应建立设备账卡，将领用的设备按进货时的发票编号分类注册，记下品种、规格、型号、数量、价值以及分配到哪个部门和班组，低值易耗品也要分类注册，凡来库房领取物品都要登记，每个使用单位一本账，以便控制物品的使用情况。见表2－15、表2－16。

3.采用分级归口管理

分级就是根据客房部门管理制度，分清这些设备是由部门、班组或个人中的哪一级负责管理。归口是按业务性质，将物品与设备归其使用部门管理。分级归口管理使客房设备的管理有专门的部门和个人负责，从而使客房设备的管理落到实处。

对客房设备分级归口管理的关键是：

（1）账面落实，各级和各归口管理的物品与设备的数量、品种、价值量要一

表2-15　客房设备账卡

类别	名称	编号	规格	数量	领出	存入	建账日期	负责人

表2-16　客房设备档案卡

项目	购买日期	供应商	价格
型号		编号	
出外维修情况			
日期	价格	维修项目	修理方式

随手札记

清二楚，有案可查。

（2）完善岗位责任制、维修保养制和技术操作制等规章制度。

（3）要和经济利益挂钩。

4.做好日常保管和使用

客房物品与设备分级归口以后，要设立物品与设备管理员，在客房部领导下，与服务员一起共同负责本班组或部门的物品与设备的日常管理和使用。班组管理员一般由班组长兼任，在物品与设备的使用过程中，班组管理员要定期和客房物品与设备保管员核对，发现问题，及时解决。客房物品与设备在日常使用中，要特别注意严格遵守维修保养制度。

特别提示：

客房设备在使用中要努力防止事故发生，一旦发生事故，要立即通知工程部及时修理或采取措施，使设备尽快恢复其使用价值。如果是由于个别员工玩忽职守而发生事故，要严肃处理，如果是由于客人的原因造成的，必要时应要求客人赔偿。

5.建立设备档案

设备档案主要有客房装修资料（记录客房家具、地毯、建筑装饰和卫生间材料等）以及机器设备档案，内容包括设施设备的名称、购买日期、生产厂家、价格、维修记录（时间、项目、费用等）等。这是对设施设备进行采购和管理的依据。

6.及时做好补充和更新工作

事先做好计划，根据物品与设备的品种、规格、质量等规定各种物品与设备的使用周期，并定期检查设备性能和使用效果，提出设备更新计划，报酒店批准，及时做好物品与设备的补充和更新工作。

为了酒店的规格和档次，保持并扩大对客人的吸引力，酒店一般都要对客房进行计划中的更新改造，并对一些设备用品实行强制性淘汰。

这种设备更新按其更新周期的不同，分为以下三种情况，具体如表2-17所示。

7.客用品控制

（1）确定消耗定额。按照客房总数、客房类型及年均开房率，确定各类客

表2-17　设备更新情况

序号	类别	具体内容	备注
1	常规修整	（1）地毯、饰物的清洗 （2）墙面清洗和粉饰 （3）常规检查和保养 （4）家具的修饰 （5）窗帘、床罩的洗涤 （6）油漆翻新	一般每年至少进行一次

（续表）

序号	类别	具体内容	备注
2	部分更新	（1）更换地毯 （2）更换墙纸 （3）沙发布、靠垫等装饰品的更新 （4）窗帘、帷幔的更换 （5）床罩的更换	客房使用达5年时，即应实行更新计划
3	全面更新	（1）橱柜、桌子的更新 （2）弹簧床垫和床架的更新 （3）坐椅、床头板的更新 （4）更换新的灯具、镜子和画框等装饰品 （5）地毯的更新 （6）墙纸或油漆的更新 （7）卫生间设备的更新，包括墙面和地面材料、灯具和水暖器件等	往往10年左右进行一次

用品的年均消耗定额，并以此为依据，对各班组及个人的客用品控制情况进行考核。

由于团体客人和散客对客用品的消耗量有所不同，所以，也可以根据酒店每年接待的团体客人和散客的比例和数量，分别计算团体客人和散客的消耗定额，然后加总，即为客房部客用品总的消耗定额。

（2）做好客用品的日常管理。客用品的日常管理是客用品控制工作中最容易发生问题的一环，也是最重要的环节。见表2–18。

随手札记

表2-18　客用品控制管理

1	控制流失	客用品的流失主要是员工造成的，因此做好员工的思想工作很重要；同时，还要为员工创造不需要使用客用品的必要条件。如更衣室和员工浴室应配备员工用挂衣架、手纸或香皂等。另外，要随时锁上楼层小库房门，工作车要按规定使用，控制酒店员工及外来人员上楼层，加强各种安全检查和严格执行各项管理制度
2	每日统计	在服务员完成每天的客房整理之后，应填写一份主要客用品的耗用表。最好还要将整个客房部的楼层客用品耗量作汇总备案于“每日房间卫生用品耗量表”、“每日楼层消耗品汇总表”
3	定期分析	一般情况下，这种分析应每月做一次。其内容有： （1）根据每日耗量汇总表制定出月度各楼层耗量汇总表 （2）结合住客率及上月情况，制作每月客用品消耗分析对照表 （3）结合年初预算情况，制作月度预算对照表 （4）根据控制前后对照，确定每房每天平均消耗额

（三）人工成本控制

人是酒店经营管理的根基，配备高素质、高效率的员工，加强员工培训才能提升酒店服务质量，增加客人资产，创造利润。只有提供高质量服务，才能在激烈竞争中获得更大市场份额。人工成本是指酒店在一定时期内（通常为一年）生产、经营和提供劳务活动中因使用劳动力而支付的所有直接和间接人工费用。

注意对员工的管理，减少员工的流失。因为对于员工的招聘、培训需要耗费一定的人力和物力，如果人员流失过于频繁，将会造成一些隐性的成本。

1.压缩人员编制

员工数量是影响人工成本的因素之一。通过压缩人员编制，可以削减在岗员工的人数，从而降低人房比，减少人工成本的支出。可以采取措施，进行人员压缩，具体如表2-19所示。

2.建立完善的内部培训体系

采用“总部——区域——酒店”的三级培训体系，每一层面肩负的培训职责、培训对象、培训内容均有所区别，但又相互联系，形成一整套自上而下的完整体系。

（1）通过企业内部培训体系，培养合格的管理人员，为酒店的发展提供充足的人力资源保障，缓解由于供小于求而带来的工资增长压力。

（2）通过企业内部培训体系，进一步提高各岗位的工作技能和专业知识，提高工作效率，改善服务质量，同时有效缓解招聘压力。

3.以绩效为导向，扩大可变薪酬比重

表2-19　压缩人员编制措施

序号	措施	具体内容	备注
1	设备的自动化、电子化和网络化	(1) 对前台操作系统进行升级，使得客人可以通过自助的形式获取客房门卡 (2) 通过电脑和网络技术，加强信息沟通的及时性和有效性，削减管理层次	利用现代科学技术，代替一部分重复性高、流程性强的工作，从而减少工作岗位
2	合理进行外包和内包	(1) 将清洁、安全等业务外包给专业公司，减少酒店普通员工数量 (2) 减少专业管理人员的数量	
3	简化工作流程	部门职责、岗位职责进行整理和简化，设计更为科学合理的人员编制	

(1) 绩效考核。根据酒店实际情况和岗位说明书，设计一套简单而有效的考核体系。在考核体系的制定过程中，应当结合标准的管理模式和酒店的经营管理整体绩效，将员工的个人绩效与酒店的整体绩效有机地结合起来。

(2) 薪酬构成。作为绩效考核结果的应用，在薪酬组成中扩大可变薪酬的比重，提高绩效优秀员工的工资收入。

(四) 实行节能减排管理

节能降耗要以酒店内部制度为保证，坚持在不降低对客服务标准的前提下降低能耗的使用。

1.高度重视

对节能降耗工作给予重视，明确要求全体员工都重视起来，进行全员贯彻，由专人负责督导节能工作的实施。

2.标准化

明确酒店各部门管理职责，制定一套标准，对运行的全过程实施进行有效控制，使各类环境因素有效控制和管理，确保重要岗位按规定操作，建立起完备的预防和应急响应措施。

3.制定细则

制定严格的节能降耗实施细则，诸如人走灯关、水关、空调关、电脑关等这样的“一走四关”措施。对于空调、电梯、电器、冷热水和煤气的使用制定详细细则。

4.制定能耗计量与统计制度

（1）建立电力计量系统，在酒店的各工作区域、客用区域，如各工作间、机房、各个客房楼层都安装独立的电表，形成酒店内部的电力计量系统，分别对各区域的用电量统计分析。

（2）大型耗能设备单独计量，对所有大型耗能设备单独安装计量表。例如30K W～50K W以上的大功率用电设备安装独立的电表，直接使用蒸汽的设备安装蒸汽流量表等，以检测这类设备的运转和能耗情况。

（3）主要用水单位单独计量，酒店用水量较大的设备，如每小时用水量在0.5T以上的用水设备，以及主要的用水单元安装水表，如洗衣房、厨房的管事间、粗加工间等，应单独安装水表计量。

（4）能源的储存独立计量，例如：酒店的地下油罐应安装计量表，以监测储存中产生的漏损，便于能源的统计工作。

（5）进行用能的平衡测试。通过平衡测试，明确酒店各类能源、水等的总用量、构成、分布、流向、用能设备的状况、能源使用效率。

（6）收集能源使用的相关信息，在计量能耗时，酒店应同时记录与能耗相关的信息。如天气状况、酒店出售客房的天数、营业额、餐饮营业额、餐厅用餐人数、棉织品洗涤量等信息。

（7）建立能源使用数据库，为能源管理提供信息，实现对能源使用有效控制。例如通过能源使用数据库，利用信息通信技术实施对客房的中央空调控制，照明控制，新风系统控制。

5.强化制度

定期实施召开节能降耗例会制度，与酒店的经营成本分析结合起来，对酒店的每月能耗使用情况进行通报，由负责人每月对酒店内所有区域进行节能检查，并对节能降耗违规的检查结果予以通报和处罚，严格约束员工在工作中使用能耗的行为。

6.推行标杆管理

首先要明确标杆，找出差距，采取措施。要明确行业平均水平，行业先进水平和国际先进水平三个层次的不同标杆。此外，还要与政府提出的节能降耗目标比较。

十一、每周工作总结

周工作总结就是财务经理对一周来的工作进行总结，看看哪些工作已经完成，哪些工作需要下一周加强跟进的，这一总结也是为下周一的早会打基础，所以，这项工作不能轻视。因此，财务经理在做周总结时，可以拿出本周的工作计划对照一下看是否如期完成计划。

十二、每周自我反思

财务经理在每周工作结束时，除了要做好工作总结外，还应该进行自我反思。每周工作总结是针对财务部整体工作，而自我反思则是针对自己的。

因为财务经理是财务部的最高负责人，他的工作主要是管理，也就是与财务部内外各级人员如财务部员工、银行、政府税务部门等沟通交流，以完成财务部的工作。既然是与人交流，就难免会出现沟通不畅的问题，例如某天同一位出纳沟通时，过于急躁，以至于发生冲突，可能会伤害到该员工的自尊心。

财务经理应不断反思，将这些问题如实记录下来，寻求改进方法，避免在以后的工作中犯同样的错误。

表2-20　财务经理每周自我反思

日期：

内容 日期	个人问题	解决方案
周一		
周二		
周三		
周四		
周五		
周六		
周日		

随手札记

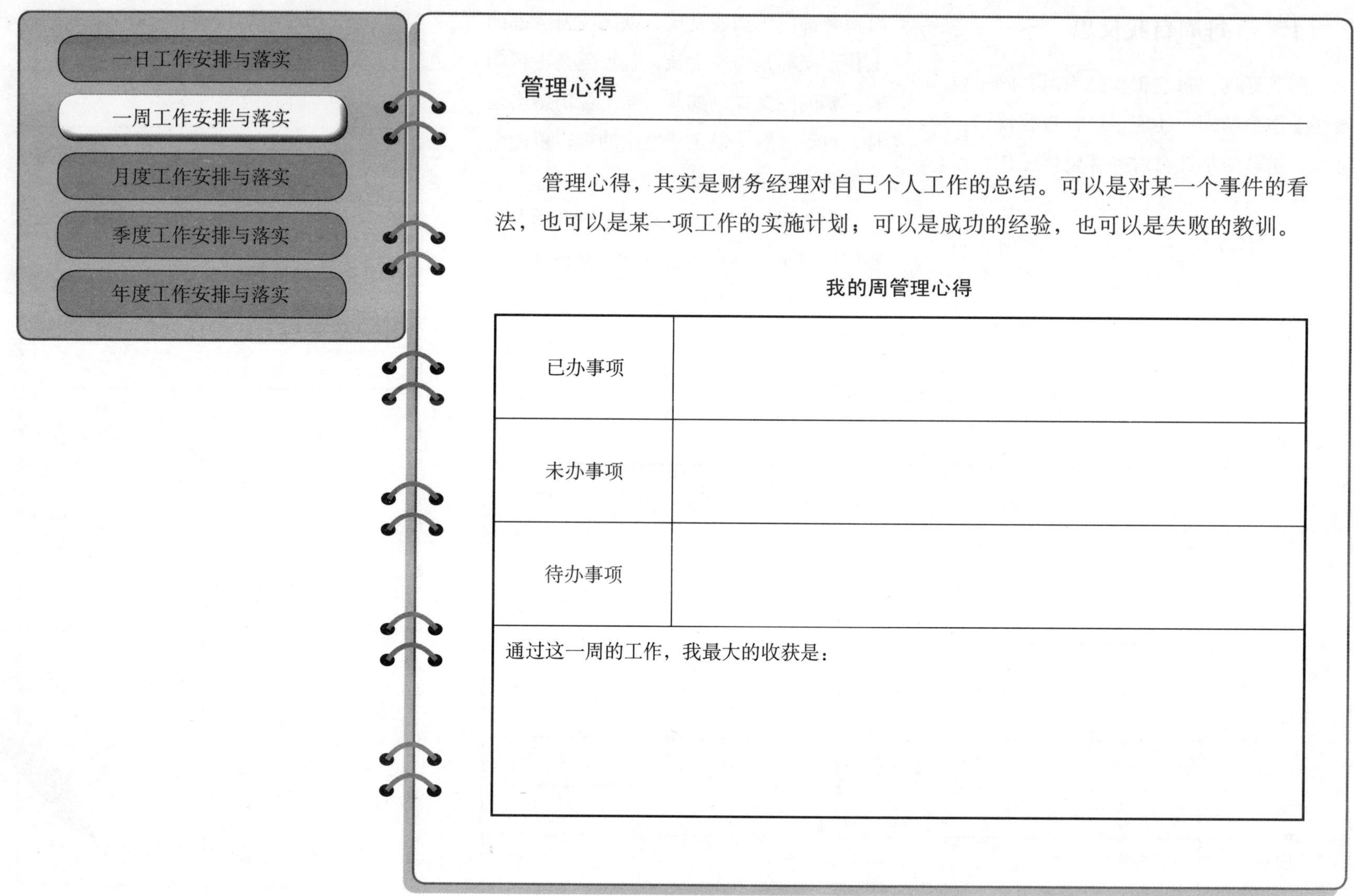

管理心得

管理心得，其实是财务经理对自己个人工作的总结。可以是对某一个事件的看法，也可以是某一项工作的实施计划；可以是成功的经验，也可以是失败的教训。

我的周管理心得

已办事项	
未办事项	
待办事项	
通过这一周的工作，我最大的收获是：	

第三章

月度工作安排与落实

月初，闲，闲得发慌！

月末，忙，忙得发晕！

很多人对财务部都有这个印象，财务人员月初、月中闲得慌，到月底则忙得团团转，有时连着一个星期加班，结果各项财务报表还是出不来。

那么，如何使财务部一月的工作均衡化，井然有序，松弛有度呢？

一、制订月度工作计划

（一）月度部门常规工作计划

与其他部门不同，财务部每个月的工作是比较有规律的，有些工作是月初必须做的，如进行上月员工工资的核算和发放，与各银行进行对账工作，而有些必须是月末才做的，比如出具各种月报表、员工绩效考核等。作为财务经理，必须抓住每月的工作规律，把一些常规的工作有规律地进行安排，确定哪些工作必须月初完成、哪些工作在月中完成，哪些工作在月末完成。

以下提供某酒店财务经理对部门工作安排的月计划（常规性），供参考。

【范例07】

××酒店财务部月工作计划

为了加强财务工作进度，以便在特定的时间内完成月财务工作，特制订本计划。

一、月初安排（每月1～10日）

1.根据上月已录入酒店电脑系统中的记账凭证，首先编制出各工程项目报表，分别上报给各项目负责人。然后编制出所有工程项目报表，最后编制酒店报表，最终将酒店报表上报给总经理查阅，并将所有报表（包括上报给各项目负责人的项目报表）妥善保管。

2.进行上月酒店员工工资核算。

3.进行各银行对账工作。

4.与代理记账人员进行沟通，如何向税务局报税。

5.与管辖区税务部门进行联系和沟通。

6.对部分报销人员票据的审核。

二、月中安排（每月11～20日）

1.每月11～12日督促各项目财务一定要在15日前进行原始票据的整理，并将符合报销程序的原始票据返回酒店财务，以便酒店财务有足够的时间将各项目原始票据录入酒店电脑系统并作出记账凭证。

2.原始凭证输入酒店电脑系统后，将记账凭证打印出来并一一与相应的原始凭证进行粘贴。

3.上月工资的发放。

三、月末安排（每月20～30日）

1.每月25～26日督促各项目财务必须在28日前进行原始票据的整理，并将符合报销程序的原始票据返回酒店财务，以便酒店财务在30日前将本月各项目原始票据录入完毕并作出记账凭证。

2.进行本月工资的计提。

3.进行本月固定资产折旧的计提。

4.期末成本收入的结转。

5.凭证的整理、装订与归档。

6.配合酒店其他部门做好工作。

（二）月度重点工作计划

对于本月度特别重要的工作，要在常规安排之外特别地体现出来，为了便于工作的跟进，财务经理应将工作要求、计划完成时间、计划执行人员、完成日期等重点项目以表格形式列出来，使之一目了然。以下提供两个范例，供参考。

【范例 08】

×× 酒店财务部 12 月重点工作计划

部门：财务部　　　　　　　　××××年12月1日

序号	工 作 内 容	工作要求	计划完成时间	执行部门	责任人
1	做好本月货款结算和发票开具认证工作	按时完成	本月	财务部	×××
2	做好本月酒店招投标结算工作	按时完成	本月	财务部	×××
3	做好本月劳资系统各项报表汇总编制上报	按时完成	本月	财务部	×××
4	做好月度财务报表汇总上报工作	按时完成	本月	财务部	×××
5	跟踪酒店预算执行情况，继续测算下一年预算数据	按时完成	本月	财务部	×××
6	参加决算会，安排酒店系统财务决算工作	按时完成	本月	财务部	×××
7	做好各项货款及保证金收付核算	按时完成	本月	财务部	×××
8	酒店各项税金申报缴纳	按时完成	本月	财务部	×××
9	做好年终总结和明年工作计划制订	按进度	本月	财务部	×××
10	做好年终财务决算前的各项准备工作	按进度	本月	财务部	×××

经理：×××　　　　　　　编制：×××

【范例09】

××酒店财务部月度重点工作安排表

项目名称	人员姓名						备注
	贺××	徐××	张××	李××	张××	白××	
缴纳地税						√	
缴纳国税							
交电话费						√	
交水电费				√			
去××银行对账			√				
去××银行营业部对账						√	
去××商行对账				√			
每月25日之前提供上月财务报表	√		√				
去××银行办理承兑业务		√		√	√	√	
每月20日之前给××银行打贷款利息			√				
办理营业执照、组织机构代码证的年检				√			
注册新酒店		√	√	√			
验资			√				
办营业执照		√		√	√		
办国、地税税务登记证		√		√	√		

（续表）

项目名称	人员姓名						备注
	贺××	徐××	张××	李××	张××	白××	
办理银行贷款卡							
办组织机构代码证		√		√	√		
刻章							
办理酒店各相关变更手续		√		√			
银行转账			√		√		
银行存取款					√		√
记账、订凭证、与会计对账			√				
办理酒店员工日常借款、报账手续			√				
做财务报表	√						
做审计报告			√				
审核发放每月的员工工资			√	√			
每月对账、制作记账凭证	√						
给消费卡充值			√				
给加油卡充值			√				

二、开展部门员工培训

员工培训是酒店财务经理每月的重点工作。因为财务部门的员工，如各部门收银员、出纳、会计等，都直接与酒店财物接触，他们的工作一旦出现差错，很容易给酒店造成损失。因此，财务经理要加强对他们的培训工作。

酒店财务部门包含不同岗位，财务经理要对每个岗位上的员工进行有针对性的培训。以下是某酒店财务部各岗位培训内容，财务经理可以按照该培训内容对部门员工展开月度培训工作。

（一）酒店基本知识的培训

对酒店基本知识的培训，财务部所有员工都应参加。

1.酒店介绍

（1）酒店行业的概况。

（2）酒店各大部门功能的介绍。

（3）酒店投资者、管理公司的背景介绍。

（4）酒店管理架构、高层管理人员的资料介绍。

2. 规章制度及服务态度培训

（1）酒店有关规章制度及“员工手册”的学习。

（2）财务部的各项规章制度、组织架构、功能介绍。

（3）礼貌、仪容、仪表、行为规范的培训。

（4）世界主要国家的生活习惯、文化背景介绍。

（5）服务意识、服务态度的培训。

3.酒店成本控制培训

（1）各级员工的工作职能描述及岗位责任。

（2）食品销售、人数及平均消费的统计方法。

（3）饮品销售、整瓶酒销售的统计。

（4）职员账单和请客招待单的处理方法。

（5）厨房／酒吧内部调拨单的处理。

（6）食品、酒水盘点控制的政策与程序。

（7）菜单的标准配方。

（8）盘点程序（用品、用具的盘点）。

（9）货卡系统。

（10）每日每月食品及酒水成本报表的制作与分发。

（11）月盘点报表制作。

（12）月消耗报表制作。

（13）餐饮部食品、酒水成本率的认识。

4.电脑知识培训

（1）电脑房经理的工作职能描述及岗位责任。

（2）电脑房经理每月、每日的工作程序。

（3）电脑设备的日常维护程序。

（4）软件系统的维护程序。

（5）各部门的联系沟通技巧。

（二）酒店各岗位专业技能培训

酒店各岗位专业技能培训针对的是各岗位特殊培训要求，如餐厅收银培训针对餐厅收银员，夜审培训针对夜审员。

（1）餐厅收银培训。

（2）各级员工的工作职能描述及岗位责任。

（3）餐厅收银员与财务部各部门及餐厅的联系与沟通。

（4）接听电话的方式及语言艺术。

（5）客账单解释。

（6）支票接收（填写）的程序。

（7）信用卡识别、接收程序。

（8）备用金的使用保管程序。

（9）点菜单接收及控制的程序。

（10）餐厅收银员每天的工作程序。

（11）客人账单控制及收银章的控制程序。

（12）客人签单挂账接收程序。

（13）项目删除的程序。

（14）职员账单处理的工作程序。

（15）收银员每日投币程序。

（16）各种报表的填写。

（17）备用金交接表。

（18）清机报表。

（19）每日食品及饮料收入汇总表。

（20）餐厅收银员每日报表。

（21）职员账单汇总表。

（22）每班结束报表。

（23）餐厅的菜牌、酒水牌的培训。

（24）电脑收银机的使用培训。

2.前台收银培训

（1）各级员工的工作职能描述及岗位责任。

（2）前厅收银与酒店各部门及财务部有关部门的联系与沟通。

（3）接听电话的方式及语言艺术。

（4）所有客人账单的解释（包括客房、餐厅及其他收费部门）。

（5）支票接收（填写）的程序。

（6）信用卡识别、接收程序。

（7）备用金的使用保管程序。

（8）财务专业术语及缩写。

（9）住宿登记卡检查程序。

（10）客人押金收取的程序。

（11）迷你吧记录记账程序。

（12）钥匙记账程序。

随手札记

(13) 外汇兑换。

(14) 客人需要保险箱的处理程序。

(15) 账单减数、退款、现金补充、客人罚款、跑账的处理程序。

(16) 标准散客及结账程序。

(17) 行李释放程序。

(18) 挂账的处理程序。

(19) 司机提成及折扣程序。

(20) 各种报表的使用程序。

①备用金交接表。

②清机报表。

③收入汇总表。

④结账报表。

⑤交易(转账)报表。

⑥单据控制表。

(21) 每天收入的转交程序。

(22) 电脑收银机的使用培训。

3.夜审培训

(1) 各级员工的工作职能描述及岗位责任。

(2) 审核收银员日报表及所附原始单据。

(3) 每日食品及饮料收入报表的制作。

(4) 日销售账户清零的工作程序。

(5) 客账单试算平衡表。

(6) 电脑过房费日期的检查。

(7) 房费审查程序。

(8) 晨报表。

(9) 电脑报表打印及分发。

4.日审培训

(1) 各级员工的工作职能描述及岗位责任。

(2) 与各部门的联系与沟通。

(3) 接听电话的技巧及语言艺术。

(4) 审核夜审完成的各种报表的程序与种类。

(5) 职员账单、请客招待单审核及分析。

(6) 迷你吧跑账分析。

(7) 挂账复查程序。

(8) 信用卡复查程序。

(9) 对照控制表核对各种单据的程序。

(10) 日收入记账凭证。

(11) 突击检查客人保险箱钥匙管理状况的程序。

(12) 突击检查备用金的程序。

(13) 房态差异报告程序。

(14) 会计科目的运用。

(15) 各种凭证装订保管的程序。

5.总出纳培训

(1) 各级员工的工作职能及岗位责任。

(2) 会计科目的运用。

(3) 收入归集及清点程序。

(4) 现金日记账日清月结。

(5) 收入存银行程序。

(6) 小额现金支付程序。

(7) 零钱储备及保管程序。

(8) 小额现金汇总表的制度与程序。

(9) 总出纳报告的制作。

(10) 外汇兑换汇总表。

6.会计培训

(1) 各级员工的工作职能描述及岗位责任。

（2）会计科目的运用。

（3）调整账目的程序。

（4）记账凭证的审核程序。

（5）各种报表制作。

①试算平衡表。

②损益表。

③资产负债表。

④上交税费情况表。

⑤库存物资情况表。

⑥管理费用明细表。

⑦现金流量表。

⑧在建工种报表。

⑨成本计算表。

⑩各部门经营情况表。

⑪营运资金分析表。

⑫流动比率和速动比率。

⑬银行存款未达账项表。

7.仓管培训

（1）各级员工的工作职能及岗位责任。

（2）库房管理的制度。

（3）货物发放程序。

（4）先进先出制度。

（5）货卡的编写。

（6）存货补充程序。

（7）紧急情况下出库程序。

（8）仓库防火知识培训，食品酒水卫生知识培训。

（9）下班后领用仓库钥匙的程序。

8.收货培训

（1）工作职能描述与岗位责任。

（2）验收制度及工作程序。

（3）收货制度与程序。

（4）收货记录日报表。

（5）会计科目的运用。

9.应收款技能培训

（1）各级员工的工作职能描述及岗位责任。

（2）挂账及信用卡账簿。

（3）旅行社回扣及信用卡手续费。

（4）折扣（回扣）处理程序。

（5）应收账催款单。

（6）应收账月报表的制作。

（7）账龄分析表。

随手札记

（8）会计科目的运用。

10.应付款技能培训

（1）各级员工的工作职能描述用岗位责任。

（2）应付款政策及工作程序。

（3）掌握外商投资旅游业会计制度。

（4）会计科目的运用。

（5）收货记录及发票控制程序。

（6）审核货币资金的支付及支票的控制程序。

（7）银行日记账日清月结。

三、开展银行存款对账工作

（一）编制银行存款余额调节表

银行对账是酒店财务经理实施酒店资金管理的重要内容，由于凭证传递时间的不同以及酒店和银行在业务处理上可能存在差错，往往会发生双方账面记录不一致的情况，为了及时发现记账差错，正确掌握银行存款的实际余额，财务经理必须定期将银行存款日记账与银行出具的对账单进行核对并编制银行存款余额调节表，如表3-1所示。

表3-1　银行存款余额调节表

编制日期：　年　月　日

开户银行：　　截止日期：　年　月　日

银行账号：　　货币单位：

企业银行存款的账面余额		银行对账单的存款余额	
加：银行已收，企业未收		加：企业已收，银行未收	
（1）		（1）	
（2）		（2）	
（3）		（3）	
（4）		（4）	
减：银行已付，企业未付		减：银行已付，企业未付	
（1）		（1）	
（2）		（2）	
（3）		（3）	
（4）		（4）	
调节后的企业存款余额		调节后的银行对账单存款余额	

出纳：　　复核：　　主管：

（二）银行存款余额调节表编制方法

财务经理应当熟练掌握编制银行存款余额调节表的不同方法，以便根据酒店的实际情况选择合适的编制方法。常用编制方法，如表3-2所示。

（三）对账结果分析与处理

（1）通过核对调节，“银行存款余额调节表”上的双方余额相等，一般可以

表3-2　银行存款余额调节表编制方法表

序号	方法	具体内容
1	补记法	此种方法是将酒店和银行的未达账项视为已发生处理。编制银行存款余额调节表时，在双方（酒店和银行各为一方）现有余额的基础上，各自加上对方已收己方未收的账项，减去对方已付己方未付的账项
2	冲销法	此种方法是将酒店和银行的未达账项视为未发生处理。编制银行存款余额调节表时，在双方（酒店和银行各为一方）现有余额的基础上，各自加上己方已付对方未付的账项，减去己方已收对方未收的账项
3	付项单冲法	此种方法是将双方的付出未达账项视为未发生处理。编制银行存款余额调节表时，在双方（酒店和银行各为一方）现有余额的基础上，各自加上对方已收己方未收的账项和己方已付对方未付的账项
4	收项单冲法	此种方法是将双方的收入未达账项视为未发生处理。编制银行存款余额调节表时，在双方（酒店和银行各为一方）现有余额的基础上，各自减去对方已付己方未付的账项和己方已收对方未收的账项
5	差额法	此种方法是以双方余额的差额为依据，确认双方未达账项的差额是否与其相同，从而判断账簿记录的正确与否。编制银行存款余额调节表时，将双方（酒店和银行各为一方）现有余额相减，同时按余额相减的顺序将双方各自未达账项分别相减

说明双方记账没有差错。

（2）如果经调节仍不相等，要么是未达账项未全部查出，要么是一方或双方记账出现差错，酒店财务经理需要进一步采用对账方法查明原因，加以更正。调节相等后的银行存款余额是当日可以动用的银行存款实有数。

（3）对于银行已经划账，而酒店尚未入账的未达账项，要待银行结算凭证到达后，才能据以入账，不能以“银行存款调节表”作为记账依据。

四、申报与缴纳税款

（一）纳税申报时限

不同的税种，申报期限不一样，作为财务经理，须对各税种的纳税期限有一个充分的了解，以便在期限之内安排人员进行纳税申报并缴交税款，以免带来一些涉税风险。各税种纳税申报期限，如表3–3所示。

表3-3　各税种纳税申报期限表

序号	税种	纳税申报期限
1	增值税	增值税的纳税期限分别为1日、3日、5日、10日、15日、1个月或者1个季度。纳税人的具体纳税期限，由主管税务机关根据纳税人应纳税额的大小分别核定；不能按照固定期限纳税的，可以按次纳税。纳税人以1个月或者1个季度为1个纳税期的，自期满之日起15日内申报纳税；以1日、3日、5日、10日或者15日为1个纳税期的，自期满之日起5日内预缴税款，于次月1日起15日内申报纳税并结清上月应纳税款
2	消费税	消费税的纳税期限分别为1日、3日、5日、10日、15日、1个月或者1个季度。纳税人的具体纳税期限，由主管税务机关根据纳税人应纳税额的大小分别核定；不能按照固定期限纳税的，可以按次纳税 纳税人以1个月或者1个季度为1个纳税期的，自期满之日起15日内申报纳税；以1日、3日、5日、10日或者15日为1个纳税期的，自期满之日起5日内预缴税款，于次月1日起15日内申报纳税并结清上月应纳税款
3	营业税	营业税的纳税期限分别为5日、10日、15日、1个月或者1个季度。纳税人的具体纳税期限，由主管税务机关根据纳税人应纳税额的大小分别核定；不能按照固定期限纳税的，可以按次纳税。纳税人以1个月或者1个季度为一个纳税期的，自期满之日起15日内申报纳税；以5日、10日或者15日为一个纳税期的，自期满之日起5日内预缴税款，于次月1日起15日内申报纳税并结清上月应纳税款

（续表）

<table>
<tr><th>序号</th><th>税种</th><th colspan="2">纳税申报期限</th></tr>
<tr><td>4</td><td>企业所得税</td><td colspan="2">（1）企业所得税分月或者分季预缴
（2）企业应当自月份或者季度终了之日起15日内，向税务机关报送预缴企业所得税纳税申报表，预缴税款
（3）企业应当自年度终了之日起5个月内，向税务机关报送年度企业所得税纳税申报表，并汇算清缴，结清应缴应退税款
（4）企业在报送企业所得税纳税申报表时，应当按照规定附送财务会计报告和其他有关资料
（5）企业在年度中间终止经营活动的，应当自实际经营终止之日起60日内，向税务机关办理当期企业所得税汇算清缴。企业应当在办理注销登记前，就其清算所得向税务机关申报并依法缴纳企业所得税</td></tr>
<tr><td rowspan="2">5</td><td rowspan="2">个人所得税</td><td>自行申报</td><td>（1）年所得12万元以上的纳税人，在纳税年度终了后3个月内向主管税务机关办理纳税申报
（2）个体工商户和个人独资、合伙企业投资者取得的生产、经营所得应纳的税款，分月预缴的，纳税人在每月终了后7日内办理纳税申报；分季预缴的，纳税人在每个季度终了后7日内办理纳税申报；纳税年度终了后，纳税人在3个月内进行汇算清缴
（3）纳税人年终一次性取得对企事业单位的承包经营、承租经营所得的，自取得所得之日起30日内办理纳税申报；在1个纳税年度内分次取得承包经营、承租经营所得的，在每次取得所得后的次月7日内申报预缴，纳税年度终了后3个月内汇算清缴
（4）从中国境外取得所得的纳税人，在纳税年度终了后30日内，向中国境内主管税务机关办理纳税申报
（5）除以上规定的情形外，纳税人取得其他各项所得须申报纳税的，在取得所得的次月7日内向主管税务机关办理纳税申报
（6）纳税人不能按照规定的期限办理纳税申报，需要延期的，按照《中华人民共和国税收征管法》第二十七条和《中华人民共和国税收征管法实施细则》第三十七条的规定办理</td></tr>
<tr><td>代扣代缴申报</td><td>（1）扣缴义务人每月所扣的税款，应当在次月7日内缴入国库，并向主管税务机关报送“扣缴个人所得税报告表”、代扣代收税款凭证和包括每一纳税人姓名、单位、职务、收入、税款等内容的支付个人收入明细表以及税务机关要求报送的其他有关资料
（2）扣缴义务人违反上述规定不报送或者报送虚假纳税资料的，一经查实，其未在支付个人收入明细表中反映的向个人支付的款项，在计算扣缴义务人应纳税所得额时不得作为成本费用扣除
（3）扣缴义务人因有特殊困难不能按期报送“扣缴个人所得税报告表”及其他有关资料的，经税务机关批准，可以延期申报</td></tr>
</table>

（续表）

序号	税种	纳税申报期限
6	城市维护建设税、教育费附加	在申报增值税、消费税、营业税的同时进行申报
7	资源税	纳税人纳税期限为1日、3日、5日、10日、15日或者1个月，由主管税务机关根据实际情况具体核定。不能按固定期限计算纳税的，可以按次计算纳税。纳税人以月为纳税期的，自期满之日起10日内申报纳税；以1日、3日、5日、10日或者15日为一期纳税的，自期满之日起5日内预缴税款，于次月1日起10日内申报纳税并结清上月税款
8	土地增值税	应当自转让房地产合同签订之日起7日内，向房地产所在地主管税务机关办理纳税申报，并在税务机关核定的期限内缴纳土地增值税
9	房产税	按年征收、分期缴纳。纳税期限由省、自治区、直辖市人民政府规定
10	车船税	车船税的纳税义务发生时间，为车船管理部门核发的车船登记证书或者行驶证书所记载日期的当月。车船税按年申报缴纳。具体申报纳税期限由省、自治区、直辖市人民政府确定
11	城镇土地使用税	土地使用税按年计算、分期缴纳。缴纳期限由省、自治区、直辖市人民政府确定。对新征用土地，依照下列规定缴纳土地使用税：（1）征用的耕地，自批准征用之日起满1年时开始缴纳土地使用税；（2）征用的非耕地，自批准征用次月起缴纳土地使用税
12	印花税	应纳税凭证应当于书立或者领受时贴花（申报缴纳税款）。同一种类应纳税凭证，需频繁贴花的，应向主管税务机关申请按期汇总缴纳印花税。汇总缴纳限期额由地方税务机关确定，但最长期限不得超过1个月
13	文化事业建设费	在申报娱乐业、广告业营业税的同时进行申报

特别提示：

财务经理必须对酒店业各项税种非常熟悉，避免漏缴导致偷、漏税行为，给酒店造成麻烦。

（二）纳税申报应提供的资料

纳税人办理纳税申报时，应当如实填写纳税申报表，并根据不同的情况相应报送下列有关证件、资料：

（1）财务会计报表及其说明材料。

（2）与纳税有关的合同、协议书及凭证。

（3）税控装置的电子报税资料。

（4）外出经营活动税收管理证明和异地完税凭证。

（5）境内或者境外公证机构出具的有关证明文件。

（6）纳税人、扣缴义务人的纳税申报或者代扣代缴、代收代缴税款报告表的主要内容包括：税种、税目，应纳税项目或者应代扣代缴、代收代缴税款项目，计税依据，扣除项目及标准，适用税率或者单位税额，应退税项目及税额、应减免税项目及税额，应纳税额或者应代扣代缴、代收代缴税额，税款所属期限、延期缴纳税款、欠税、滞纳金等。

（7）扣缴义务人办理代扣代缴、代收代缴税款报告时，应当如实填写代扣代缴、代收代缴税款报告表，并报送代扣代缴、代收代缴税款的合法凭证以及税务机关规定的其他有关证件、资料。

（8）税务机关规定应当报送的其他有关证件、资料。

（三）报税审核

财务经理可能并不需要亲自去报税，但在下属填制好了相关的报税表单以后，财务经理一定要对表单进行严格的审核。

1.纳税申报表的审核

（1）审核纳税申报表填写的内容是否完整，所附资料是否齐全。为了使税务

随手札记

机关全面了解纳税人的生产、经营情况，正确审核纳税人纳税申报的准确性，《中华人民共和国税收征收管理法》第二十五条规定：纳税人在报送纳税申报表、财务会计报表时，还应按照税务机关的要求报送其他纳税资料。

（2）纳税申报表的审核要点。一是核实表内有关项目填列的数字要与会计账表的数字相符；二是核实表内数字计算的准确性，特别要注意项目之间的钩稽关系；三是审核纳税申报表与附表的相关项目的填列要对应。

2.完税凭证的审核

（1）填用票证是否符合规定，有无用专用缴款书、通用缴款书代替完税证自收现金税款。

（2）征收的税款是否符合税法规定，使用税率或单位税额是否正确，有无错征现象。

（3）计税是否正确。包括实缴税款，税款的加成、减征、滞纳金的计算是否正确。

（4）各项目的填写有无错填、漏填、省略、涂改、挖补等情况，印章是否齐全。

（5）其他应审核的事项。

3.退税凭证的审核

退税凭证的审核除了检查票证填写的完整、清晰、手续齐全与否等常规项目外，需要重点审核以下几项：

（1）所退税款是否符合退税范围。退税直接冲减财政收入，根据财政部规定属于下列范围，可办理收入退库：由于工作疏忽，发生技术性差错需要办理退库的；改变企业隶属关系办理财务结算需要退库的；企业超缴结算退库；弥补企业的计划亏损退库和政策性亏损的补贴退库；其他经财政部批准的退库项目等。

（2）预算科目、预算级次和计算是否正确。

（3）以现金退税的，应在退税凭证上加盖“退付现金”的明显戳记。

（四）安排人员缴纳税款

税款缴纳程序根据不同的情况略有区分，如表3-4所示。

五、合理避税与减免税申请

如上一节所述，经营酒店要向税务部门缴纳大量税款，这些税款是酒店营业成本的一个重要组成部分。财务经理除做好每月的纳税工作之外，应尽力筹划，为酒店合理避税，以减轻成本，同时要根据酒店实际情况，向税务部门提出减免税申请，尽量减少酒店税额，控制成本。

（一）合理避税

合理避税是指在尊重税法、依法纳税的前提下，财务经理采取适当的手段对纳税义务的规避，减少税务上的支出。合理避税并不是逃税漏税，它是一种正常合理的活动；合理避税也不仅仅是财务部门的事，还需要营销、餐饮等各个部门的合作，从合同签订、款项收付等各个方面入手。

避税是财务经理在遵守税法、依法纳税的前提下，以对法律和税收的详尽研究

表3-4　税款缴纳程序表

序号	类别	缴纳程序
1	完税申报税款缴纳	纳税人在每期申报纳税之前，自行计算税款，自行填开税收缴款书，到办税大厅银行窗口或纳税人开户银行缴纳税款（如用现金缴纳需到相应窗口办理）
2	缴纳欠税	纳税人需到窗口打印税收缴款书，然后到纳税人开户银行或办税服务大厅银行窗口缴纳欠税（如用现金缴纳需到相应窗口办理）
3	预缴税款	首先到窗口开具预缴税款通知书，并打印税收通用缴款书，自行到开户银行缴纳
4	缴纳滞纳金	首先到窗口开具加收滞纳金通知书，并打印税收通用缴款书，自行到开户银行缴纳（如用现金缴纳需到相应窗口办理）
5	缴纳罚款	持税务行政处罚决定书到窗口，开具税收通用缴款书，自行到开户银行缴纳（如用现金缴纳需到相应窗口办理）
6	缴纳发票保证金和纳税保证金	持相关税务文书到相应窗口办理

为基础，对现有税法规定的不同税率、不同纳税方式的灵活利用，使酒店创造的利润有更多的部分合理留归酒店。它如同法庭上的辩护律师，在法律规定范围内，最大限度地保护当事人的合理权益。避税是合理的，是酒店应有的经济权利。

财务经理常用的合理避税方法有以下几种。

1.营业税

已找到按净额交营业税的规定，可依法避税，但要注意营业额减除项目凭证的管理，否则不能避税。

2.个人所得税

（1）工资尽量平均发放，以降低税率。

（2）可采取多发一个月工资的形式来避税。

（3）可采取报销发票的方式发工资。

（4）缴纳各类社会保险方式避税。

（5）股息、红利尽量不采取名义分红领取，可采取借支等方法。

3.企业所得税的税务策划

企业所得税是以企业销售收入额扣除成本、费用和缴纳流转税金后的生产经营所得和其他所得为征税对象的一种税，它与企业的经济利益息息相关。企业所得税税务策划有以下几个要点。

（1）选择投资地区。由于国家税收政策在不同区域内有不同的优惠规定，因此企业在扩大经营对外投资时，可根据不同的税收政策，相应选择低税负地区进行投资。

（2）选择材料计价方法。材料是企业产品的重要组成部分，材料价格波动必然影响产品成本变动。目前，按我国财务制度规定，企业材料费用计入成本的计价方法有多种。因此，采用何种计算方法也是税收筹划的重要内容。不过企业一旦选定了某一种计价方法，在一定时期内不得随意变更。

（3）选择固定资产折旧计算方法。企业对固定资产的折旧核算是企业成本分摊的过程。目前，按我国财务制度规定，有加速折旧法和直线折旧法。从企业税负来看，加速折旧能起到延期纳税的作用。但是，在具体选择折旧计算方法时应首先遵守税法和财务制度的有关规定。

（4）选择费用分摊方法。不同的费用分摊方式也会扩大或缩小企业成本，从而影响企业利润水平。因此企业可以选择有利的方法来计算成本。但是，采用何种费用摊销方法，必须符合税法和会计制度的有关规定。

（5）避免成为居民纳税人的纳税筹划。按现行税法的规定，居民纳税人，在我国负无限纳税义务；非居民纳税人，在我国承担有限纳税义务。判定居民纳税人的标准，主要是看总部所在地，总决策机构所在地在中国境内，即为税收上的居民纳税人。纳税筹划重点做法。

①尽可能以非居民纳税人身份出现，承担有限的纳税义务，将总机构设在避税地或税负低的地方。

②尽可能斩断某些收入与总机构的联系，以避免重复课税。

（6）源泉扣缴预缴税的避税筹划。源泉扣缴是指外国企业在中国境内没有设立机构、场所；或者虽设有机构、场所，但与该机构、场所没有实际联系而从中国取得的应税所得，其应纳所得税由支付人代扣代缴。这样所得税又称为预提税。预提税按收入总额的10%比例税率计算缴纳。纳税筹划做法：将一般所得应纳所得税的项目转变为缴纳预提税，另外，少要或者不要上述属于税法列举的预提税项目的收入，这样就可以少缴甚至不缴预提所得税。

（7）再投资退税筹划。根据税法，外商投资企业的外国投资者，将从企业取得的利润直接再投资于该企业，或者作为资本投资开办其他外商投资企业，经营期不少于五年的，税务机关批准，视具体情形可退还部分或全部其再投资部分已缴纳的所得税款。纳税筹划方法：企业应尽可能创造并提供税法所规定的条件而获得更多的退税款。

（8）所得来源地认定的纳税筹划。国际上都有所得来源地优先征税的惯例。对所得来源地的纳税筹划做法是：所得来源认定上避免被税负较高地区认定此项所得来源于该地区。由于同一所得在税负较低地区实现或被认定，税负相对就轻。

（9）利用应纳税所得额计算原则的纳税筹划。现行税法规定，我国外商投资企业和外国企业应纳税所得额的计算有以下四项原则，正确利用这些税法规定，有利于纳税人节约税收成本。

①权责发生制原则的避税策略。纳税筹划的做法是：尽可能扩大本期费用权责发生额，缩小本期收入的权责发生额，以实现缩小本期应纳所得额，少缴所得税的目的。

②财务调整原则的避税策略、纳税筹划的做法是：当企业按正常财务会计处理办法，进行账务处理应缴纳的税款，比依照税法规定进行调整应缴纳的税款还多时，企业就可以按不被税务机关认可的财务会计处理办法进行账务处理，从而主动引导税务机关对企业的税务问题进行调整，以此达到少缴税款的目的。

③独立企业原则的避税策略、纳税筹划做法。

④所得的纯收益原则的避税策略、纳税筹划做法是：在纳税年度收入总额一定的情况下，尽可能增大成本、费用、损失，合法地使之最大化；或尽可能减少收入总额，以此来减少应纳税所得额。

（二）减免税申请

除了合理避税，必要的时候，财务经理也可向税务部门提交减免税申请报告或申请书，以求减少酒店的税费。以下提供两个范例供参考。

【范例10】

××酒店减免税申请报告

××酒店请求减征税额的申请报告

××地税局领导：

您好！

由于以下种种因素使得本酒店的成本日益增加，资金亏损严重，再加上酒店资金周转困难，因此，在经营上出现了严重的滑坡，特向贵局提交减征税的申请。

一、近年来，市场竞争惨烈，我店开业初期定税为15000元，当时××市只有一家大型酒店，消费者可选择的场所不多，酒店客源比较稳定。但近两年来，大型酒店相继开业，小型酒店更如雨后春笋层出不穷，迅速抢占了××市有限的市场份额，已造成我酒店大部分客源分流。

二、食品原材料持续涨价，以猪肉为例，开业初期猪肉价格在20元/千克，现在猪肉价格维持在26元/千克，上涨率达到了30%，而各大型餐饮企业开业后，为了有效地稳定客源竞相降低出品价格，我店三年来一直保持在不降价的基础上。

三、大型企业大规模招工，人力资源短缺，工作人员极其不稳定，招工相当困难，以致服务质量下降，客人投诉增加造成客源急剧流失。人力开支扩大又造成成本的增长。

四、贵局征税额由原来的15000元增至现在的23000元，所定税额过高，而我店营业额以连续多月下滑至20万元左右，为与所征税金保持正比，我店只有连续多月将发票预先开出保存，其中所开票额每月还不乏数万的赠送人情发票。

以上几点以及各项杂费成本开支的增长如：环卫、卫生、劳动保险、水电费、洗涤费等诸项，从而造成成本与销价基本持平，营业额与成本开支形成背道而驰的顺差，根本无利润可言。更由于各单位签单过多，缺乏现金流，酒店资金周转困难，只得赊欠供应商材料费用，造成供应商哄抬原材料价格。因此，在经营上出现了严重的滑坡，加之没有把控好原材料的采购及产品特色和成本的浪费，造成一定的经济损失，近年来一直处于严重亏损状态。不仅投资成本无法收回，每月更借款支付人员工资，过高的征税已无力支付。为扶持招商引资项目企业，也为了不损害国家税收利益且又能照顾到个人的经济承受能力，望能将征税额调整为我店开业初起的15000元，特向贵局申请给予本店减免征部分税收的照顾。

特此请示，望批准为感。

负责人：

日期：　年　月　日

【范例 11】

减免税申请书

<table>
<tr><td rowspan="3">申请人</td><td>全称</td><td></td><td>电脑代码</td><td></td></tr>
<tr><td>地址</td><td></td><td>联系人</td><td></td></tr>
<tr><td>电子邮件地址</td><td></td><td>联系电话</td><td></td></tr>
<tr><td colspan="2">税种</td><td>减免税事项</td><td>起止时间</td><td>申请减免税额或比例</td></tr>
<tr><td colspan="2"></td><td></td><td></td><td></td></tr>
<tr><td colspan="2"></td><td></td><td></td><td></td></tr>
<tr><td colspan="2"></td><td></td><td></td><td></td></tr>
<tr><td colspan="2"></td><td></td><td></td><td></td></tr>
<tr><td colspan="5">申请减免税事由

法定代表人签章
（公章）
年　月　日</td></tr>
</table>

随手札记

告知事项

1.您在申请办理减免税事项时，统一使用“减免税申请书”，并根据您所申请的减免税事项向主管税务机关报送相关资料。“减免税申请书”可在××市地方税务局网站下载，也可在主管税务机关领取。

2.在申请过程中如遇到问题，可直接与主管税务机关联系，或拨打税务服务专线咨询，或登录××市地方税务局网站（www.××××.cn）查询。

3.您有依法申请减免税的权利。您所提供的企业情况及申请减免税的附送资料，应真实、准确、齐全，如有弄虚作假，应承担法律责任。

填表说明

1.“申请人名称”。工商企业填写营业执照的全称，其他纳税单位，填写对外公章的全称，个人填写姓名的全称。

2.“电脑代码”。个人填写有效证件号码。

3.“申请人地址”。纳税单位填写实际经营详细地址，个人填写实际居住详细住址。

4.“税种、减免税事项、起止时间、申请减免税额或比例”。填写纳税人申请减免的税种、事项、减免税的所属时间和申请的减免额度或比例。

5.“申请减免税事由”填写内容包括：申请的事项、申请的时间、政策依据、申请原因、企业经营或个人情况的简述等内容，如果是多项减免，要分项说明。如填写不下，可另附纸张。

6.纳税人应如实填写申请表的各项内容，并加盖公章、法定代表人签章。

7.申请人需查阅减免税报送资料附件，按要求准备好报送资料，填写“减免税申请材料清单”连同申请书，报送主管税务机关。

8.申请书及报送资料附件均统一使用A4纸。

9.本表一律用黑色、蓝黑色钢笔或签字笔书写。

六、员工工资发放

（一）制定工资管理制度

财务经理应配合酒店总经理和人力资源部，制定一套完整的工资管理制度，以便每月的工资发放能有章可循。以下提供一范例，供参考。

【范例12】

××大酒店工资管理制度

为适应建立现代企业制度的要求，坚持“效率优先，兼顾平等”的按劳分配原则，充分调动员工的工作积极性和创造性，结合酒店的实际情况，建立由基本工资、效益工资、工龄工资、福利组成的动态激励的工资分配体系。通过建立新的工资分配体系，增强酒店的凝聚力，提高员工以酒店为家、以酒店为荣的归属感、责任感和使命感，充分发挥工资杠杆的激励功能，特制定如下工资管理办法。

第一章　总则

第一条　指导思想：认真贯彻“绩效

挂钩，兼顾平等”的按劳分配原则，建立起员工个人劳动报酬与员工个人工作业绩及企业效益相联系的动态激励分配机制。

第二条　基本原则

一、业绩至上、效益至上，责、权、利相结合的原则。以岗位责任制和实际工作业绩为基础进行量化考核，将个人劳动报酬与工作业绩考核挂钩。

二、本酒店员工工资总体水平在区域市场上具有一定的竞争力。

第三条　工资含义：本办法所称工资是指依据有关规定按国家法定货币，以各种形式支付给予员工的劳动报酬。

第四条　工资结构

酒店依每个员工的学识、经验、技能、潜力及其从事岗位的难易程度、责任轻重等综合确定个人的工资标准。从部门负责人至员工，共设置为8个层级，以体现不同岗位在管理要求、技术要求、能力要求、劳动强度等方面的差异性。酒店员工工资由基本工资、绩效工资、工龄工资、年终双薪、超标提成奖、员工福利（社保、节假日福利、津贴）等构成。

主管级（含）以上人员工资=岗位工资（基本工资+绩效工资）+工龄工资+津贴+奖金

领班级（含）以下人员工资=岗位工资+工龄工资+津贴+奖金

一、基本工资

1.参照当地酒店行业员工工资水平、职务高低、岗位工作复杂性、工作条件、劳动政策等确定。

2.经理级（含正副职）基本工资占岗位工资的80%，经理级（正、副职）基本工资占岗位工资的85%，主管级基本工资占岗位工资的90%，领班级（含）以下人员基本工资占岗位工资的100%。

二、绩效工资

1.经理级的绩效工资占岗位工资的20%，经理级的绩效工资占岗位工资的20%，主管级的绩效工资占岗位工资的10%。

2.年薪制管理人员的绩效工资年底兑现发放；原则上经理级以下在职人员均为

随手札记

月薪制。

3.主管级（含）以上管理人员实行绩效考核；主管级以下人员的工资不进行绩效考核，但需进行工作质量考核。

三、工龄工资

在酒店工作满一年以上可享受工龄工资，满一年可享受每月___元的工龄工资，满二年（且胜任工作）可享受每月_____元的工龄工资，满三年_____元，依此类推最高___元。

四、津贴

依据员工岗位、工作性质等因素的不同，享受相应的津贴。各类津贴享受范围、数额、种类等依据相关件规定。

五、奖金

（略）

六、年终双薪

依据酒店的经营业绩状况，以员工一个月薪岗位工资额为基数，年度出勤率作为年终第十三个月月薪的计算及发放依据，以此激励全体员工努力工作，减少员工年终流失率。

七、月超额奖

每月依据酒店经营目标作为考核基准，超额完成酒店月度经营目标的，则以营业额超额部分按一定的比例（参考比例：10%～18%，相当于工资率）提取，作为全体员工的超额奖发放。如果不能完成经营目标，则按没完成比例倒扣绩效工资，直到绩效工资扣完为止。月超额奖在酒店试营业三个月后开始试行。

第五条　工资体系的确立及变更程序

酒店总经理办公室编制酒店工资制度及预算，报公司董事会批准。根据酒店经营状况及市场竞争变化，可以变更工资体系标准，程序同上。

第六条　最低工资保障

酒店最低工资的执行标准以不低于当年市政府公布的最低工资标准执行。

第二章　工资管理

第一条　岗位工资管理

岗位工资实行岗变薪变的动态管理方式。

一、各岗位上的员工，从聘任之日起，按所聘任岗位（职务）领取相应的工资。

二、由酒店安排或竞争到新岗位工作的，按新岗位工资标准执行；酒店员工的岗位变动，须经酒店人力资源部审核、总经理批准。

三、员工的岗位工资实行计时工资制，月工资标准按岗位工资除以当月应出勤天数计算，是计算员工各类假期工资，有关工资待遇计发及解除劳动合同的经济补偿金以及其他有关待遇的基数和依据。

第二条　工资定级

一、酒店各岗位的员工聘任后，按所聘任岗位职务套入相对应的岗位工资标准，原则上，生手新员工入职从初级级别工资起薪，对熟练员工、大专以上对口专业人员入职，可以从中级（含）以上级别工资起薪。

二、新调入人员根据上述原则聘任后，对应所在岗位工资标准定薪。

三、个别特殊岗位，可执行特聘工资。

第三条　试用期工资标准

新入职员工试用期1～3个月。无同职工作经历者试用期3个月；有同职工作经历者试用期经考验可缩短；实习生无试用期，也不参加转正考核。试用期满，由人力资源部通知员工参加转正考核。试用期工资不低于转正工资的80%。原则上，酒店员工试用期工资从初级职等工资水平开始起薪。试用期满考核（笔试50%，实操50%）合格，按所在岗位工资内部或外部人力资源市场水平全额执行。

第四条　工资调整

一、员工转正后，领班级（含）以下员工每半年有一次工资晋升资格，主管级（含）以上员工每年有一次工资晋升资格，均要求员工无重大违纪过失。

二、试用期转正后岗位工资一般由C档晋升到B档，如果试用期工资低于C档，则转正后工资晋升到C档。正式员工晋升考核合格后，一般晋升一档工资。

三、各职位员工工资不得超出职位工资上限（A档工资）。

四、对技术含量低、人员流动性小的岗位，岗位工资封顶；对技术含量高、劳动强度大、人员流动性大的岗位在工资晋升方面实行倾斜政策。

第三章　工资支付

第一条　工资发放

由人力资源部编制，财务部核算，经总经理签字后，由财务部负责发放。员工的基本工资在每月的15日，以法定货币按月委托银行代行发放。

第二条　加班工资支付

一、严格控制员工加班，非法定节日加班的，加班后原则上由部门及时安排同等时间补休，不发放加班费。春节（法定期间）加班的，按国家法律规定发放加班工资。

二、确因经营需要，部门安排员工加班后又无法安排补休的，由部门提出申报，人力资源部与财务部审核，总经理审批后计发加班工资，未经审核不得发放。

第三条　特殊情况下的工资支付

一、员工受降职、降级处分的，重新

随手札记

确定工资标准。

二、员工因涉案嫌疑而停职检查期间（限一个月内），按员工本人基本工资80%发放。结案后未受处分的则补发所停发的基本工资部分，受处分的不再补发。

第四条 每月工资代扣费用

一、社会保险费中个人负担部分由酒店代扣代缴。

二、个人所得税：按国家个人所得税规定标准扣缴，由个人承担，酒店负责代扣代缴。

三、应由个人负担，但酒店已预支的费用。

四、其他扣款（如上月多支付的工资）。

五、其他个人应负担部分。

第五条 其他事项

一、各类假期依据酒店请假办法，决定工资的扣除。

二、经酒店统一安排或批准加班的，应先安排同等时间补休。补休时间可以累积，半年内有效，由部门根据实际情况安排。确因工作需要不能补休的，经总经理批准后，可计发加班工资。

第四章 非正式员工工资制

第一条 临时工工资

临时工工资一律折并为日工资，按实际出勤天数发放。

第二条 实习学生工资

与有关旅游院校签约协议，按协议标准发放工资。实习期满，经双向选择留用的员工，按同岗位转正工资核发，享受正式员工待遇。

第五章 附则

建立正常的工资增长机制，在酒店经营发展，经济效益提高的基础上，逐步提高员工的工资收入水平，保持员工的收入在区域市场上具有市场竞争力，以吸引保留优秀的人才为本酒店长期服务。

（二）工资发放流程

（1）财务经理要协同人力资源部于每月一起跟进当月的工资核算流程，跟踪签呈进度，确保公司发薪日能准时发放薪资。

（2）为相关部门提供工资核算的资料，如为销售部门提供销售收入、货款回收情况等方面的资料作绩效工资核算的参考。

（3）财务经理要根据《工资管理制度》审核酒店各部门工资核算的真实性，确保真实、准确，没有遗漏、错算情况。

（4）接受员工监督，如有遗漏、错算情况，请当事人及时到人力资源部说明，经查属实，在下月工资中予以补算核发。

（5）财务经理应带领财务部将所有员工的工资如实填入工资表中，在员工领取工资时，请其签名，如3–5表所示。

七、应收账款管理

（一）催收账款

1.应收账款账龄分析

一般而言，客户逾期拖欠账款时间越

表3-5　酒店员工工资表

序号	姓名	应发工资						应扣款项			代扣款项			实发金额	签名
		基本工资	出勤天数	岗位津贴	绩效工资	加班工资	小计	事（病）假	旷工（违纪）	小计	社会保险金	住房公积金	小计		
合计															

长，账款催收的难度越大，成为呆账、坏账损失的可能性也就越高。财务经理必须要做好应收账款的账龄分析，密切注意应收账款的回收进度和出现的变化。

首先应根据合同编号、应收日期、付款日期、已付金额、未付金额、拖欠时间等项目编制“应收账款账龄分析表”，见表3-6。

表3-6 应收账款账龄分析表

付款时间	已付金额	拖欠金额	已付账款占应收账款总额百分比	拖欠账占应付账百分比	拖欠账占总额百分比
逾期1～30天					
逾期31～60天					
逾期61～90天					
逾期91～180天					
逾期1～2年					
逾期2～3年					
逾期3年以上					

该分析表可用于某一客户、某一类客户或全部客户。通过该表，财务经理可进行如下分析。

（1）财务经理应分析每个客户的付款情况和拖欠状况：有多少金额在信用期内支付；有多少金额在信用期后支付；有多少金额在不同的逾期时间段内支付；财务经理对该客户的收账水平等。根据上述分析，财务部门或销售部门可以对该客户实施有针对性的信用策略或收账策略。

（2）分析全部客户的付款情况和拖欠情况：有多少客户在信用期内付款；有多少客户在信用期后付款；有多少账款已变成呆账。由此可以判断当前信用策略的实施效果，衡量信用部门、销售部门或财务部门的工作业绩；将全部拖欠账单按金额大小排序，制定恰当的催讨策略；按拖欠时间的长短进行排序，制订催讨计划。

账龄分析是实行应收账款跟踪分类管理的第一步，也是非常重要的基础工作，酒店财务经理应派有经验的财务分析人员进行这项工作。

2.打印应收账款账龄明细表交营销部门催款

财务经理应于月后5日前，也就是在每月的第一个星期，应提供一份当月尚未收款的应收账款余额表（见表3-7）、欠款客户明细表（见表3-8、表3-9），提交给营销部。由营销部相关业务人员核对无误后，报经主管及总经理批准进行账款回收工作。该表由业务员在出门收账前核对其正确性，不可到客户处才发现，不得有损酒店形象。

3.催收账款的方式

一般包括发信函、打电话、面谈以及诉诸法律等。

表3-7　应收账款余额表（截至6月30日）

序号	部门	客户名称	业务员	协议结算周期	实际回款周期	5月前	6月	应收合计	6月收款	应收余额
合计										

表3-8　欠款数额前十位的客户明细表

制表部门：财务部　　　　　　　　　　　　时间：

序号	客户名称	合同编号	欠款数额	应付款时间	超期时间	产品名称	产品数量	采购人	销售负责人

随手札记

表3-9　欠款超期前10位的客户明细表

制表部门：财务部　　　　　　　　时间：

序号	客户名称	合同编号	欠款数额	应付款时间	超期时间	产品名称	产品数量	采购人	销售负责人

（1）对超期30天以内的欠款，由于收回的可能性较大，财务经理只要发出要求付款的函件，一般就可达到催收欠款的目的。

（2）对超期31～60天的客户，财务经理应再加发几封催收信函，并加重语气。

（3）对超期61～90天的账款，如果财务经理认为收不回来的可能性较大，则可通过电话或派专人前往催收。

表3-10　××酒店催款通知书

×××公司财务部：

贵公司××××年××月××日向我酒店订购×××，货款计金额×××元，发票号为×××，该货款至今尚未支付给我店，影响了我酒店的资金周转。接到本通知后，请即结算，逾期按银行规定加收×%的罚金。如有特殊情况，望及时和我酒店财务部×××联系。

我酒店地址：××××××

银行账号：

电话：×××

×××酒店财务部（盖章）

××××年××月××日

（4）对于90天以上的呆账，如果采用以上方式没有结果，财务经理可诉诸法律进行解决。

（二）收款

对于催收到的账款，财务经理应指导财务部员工及时入账，具体操作流程如表3-12所示。

表3-11　应收账款催款通知单

年　月　日

<table>
<tr><th rowspan="2">户名</th><th colspan="2">结欠</th><th colspan="4">结欠期间</th><th rowspan="2">对策</th><th rowspan="2">备注</th></tr>
<tr><th>日期</th><th>金额</th><th>2个月</th><th>3～6个月</th><th>6～12个月</th><th>1年以上</th></tr>
<tr><td></td><td></td><td></td><td></td><td></td><td></td><td></td><td></td><td></td></tr>
<tr><td></td><td></td><td></td><td></td><td></td><td></td><td></td><td></td><td></td></tr>
<tr><td></td><td></td><td></td><td></td><td></td><td></td><td></td><td></td><td></td></tr>
<tr><td>合计</td><td></td><td></td><td></td><td></td><td></td><td></td><td></td><td></td></tr>
<tr><td colspan="9">以上应收账款均已结欠超过2个月以上，请加速催收为荷。
此致
财务部
年　月　日</td></tr>
</table>

填写说明：本表由财务部填写两份，一份备查，另一份送营销部门。

表3-12　财务部收款流程表

业务操作	操作人	控制要求
经济业务办理	业务承办人	（1）按酒店的业务操作规程业务进行商洽、签订合同等 （2）按酒店授权，由被授权人批准交易价格、折扣方式及比例等 （3）与财务部门商定或根据财务部门规定确定结算方式和付款期 （4）开具业务凭单如发货单等并送交发票员开票
开具发票	开票员	（1）按酒店规定领用、保管发票和收据 （2）开具规范，填写内容完整，内容真实 （3）发票开具后，由另一人审核 （4）下班前汇总、打印收据、发票开具清单，并附记账联报送销售会计 （5）发票联、税务抵扣联移送业务承办人，并办理签收手续

随手札记

（续表）

业务操作	操作人	控制要求
收款	出纳	（1）接受业务承办人移交的结算票据 （2）对受理的结算票据难辨其真伪时，及时送交银行鉴别 （3）登记结算登记簿，妥善保管结算票据 （4）办理银行票据结算或贴现手续 （5）验证收取现金并送交银行 （6）将收款通知单送交制单员，告知相关部门 （7）编制收款周报表，分送相关部门 （8）收款后在收款凭证及附件上盖上“收讫”章
制单	制单员	（1）对发票、收据进行审核，审核其完整性 （2）对发票、收据的记账联及时进行账务处理 （3）对收款通知单进行审核并及时进行账务处理 • 审核收款日期与合同是否相符 • 审核收款金额发票或应收款余额是否相符 （4）审核收款方式是否合适 （5）审核折扣审批者是否超过其权限
稽核	稽核员	（1）复核制单员的账务处理是否正确 （2）对制单员复核的内容再复核 （3）抽查核实收款凭证与对账单等是否相符
记账		会计电算系统在凭证稽核后自动记账
核对	主管会计	（1）总账与现金、银行存款账核对 （2）总账与明细账相对 （3）编制银行存款调节表，对未达账核实，并督促经办人在10天内处理完毕 （4）与银行定期核对余额和发生额 （5）每月不定期对现金抽点两次

特别提示：

财务经理要对收款流程进行检查与监控，随时纠正收款流程中的差错，避免因为部门人员操作不当给酒店造成损失。

八、月度员工绩效考核

每月月底，财务经理就要对本部门员工进行绩效考核，对照年初设立的目标逐项检查，对未达成的目标，财务经理要帮助员工分析原因，并提出建议。

（一）绩效考核职责划分

财务部的绩效考核是由人力资源部和财务部共同来完成的，财务主管、被考核者及人力资源部在其中的职责不一样，如表3–13所示。

表3-13　财务部绩效考核职责一览表

人员	职责
财务经理	1.具体组织、实施本部门的员工绩效考核工作，客观公正地对下属进行考核 2.与下属进行沟通，帮助下属认识到工作中存在的问题，并与下属共同制订绩效改进计划和培训发展计划 3.对考核结果进行审核、审批
被考核者	1.学习和了解酒店的绩效考核制度 2.积极配合部门主管讨论并制订本人的绩效改进计划和标准 3.就绩效考核中出现的问题积极主动与财务主管或人力资源部进行沟通
人力资源部	1.绩效考核工作前期的宣传、培训、组织 2.考核过程中的监督、指导 3.考核结果的汇总、整理 4.应用绩效考核结果进行相关的人事决策

（二）考核依据

对于财务部员工的绩效考核，主要以员工出勤情况表、财务凭证与账簿的登记、各种报表等为考核依据。

财务经理在平时要注意收集信息与资料积累，定期和不定期地采集和储存关于员工的相关信息，以便为下一次的考核提供准确、翔实和可靠的数据资料。

（三）确定KPI考核指标

KPI（Key Performance Indication）即关键业绩指标，来自美国哈佛大型商学院教授罗伯·柯普朗和管理大师戴维·诺顿）的“平衡计分卡”体系。具体主要是对各部门（流程）的工作绩效特征的分析，提炼出最能代表绩效的若干关键指标体系。

在考核之前，财务经理应首先确定KPI考核指标，明确绩效考核的关键点，以便有针对性地开展考核工作，如表3-14所示。

表3-14　财务部业绩KPI指标表

序号	考核指标	数据提供	指标说明
1	结算延迟天数	财务部、相关部门	考核财务部门财务结算时效和日常单据处理的能力，结算延迟天数以规定的结算完成日计算
2	支出审核失误率	审计	
3	资金调度达成率	财务部	
4	财务数据及时、准确反馈率	财务部	
5	财务分析报告完成率	财务部	
6	会计业务电子化率	财务部	
7	计划预算控制完成率	财务部、各部门	
8	资金筹措落实到位及时率	财务部	
9	收款计划完成率（应收账款降低率）	财务部	
10	现金净流量完成率(库存资金降低率）	财务部	
11	提供财务数据和分析报告	财务部	要及时、准确、完整地提供
12	费用预算计划控制率	财务部	
13	报表的及时率	财务部	报表汇总
14	月成本统计准确率	财务部	

（四）编制考核表

财务经理与人力资源部配合，根据KPI考核指标，制定相应的KPI考核表，按照该表对财务部各级员工开展考核工作。下面提供三个范例，仅供参考。

（五）考核结果处理

（1）考核结果作为财务部员工月度奖金分配、上岗聘任和年终评选先进的主要依据之一。

（2）每月考评分数的平均值作为年终考评的结果。

（3）月度绩效考核结果为不合格者，财务经理要与被考核者沟通，协助被考核者分析原因，并协助被考核者制定绩效提升目标。

【范例13】

××酒店财务部会计人员绩效考核表

岗位：会计　　　　被考核人：　　　　考核时期：　年　月

项目	序号	考核项目	基准目标	分值	达成情况	考核分数
KPI（50%）	1	日报表准确率	100%	9		
	2	月报表准确率	100%	9		
	3	月报表每月2日前完成		8		
	4	原始凭证的存档	3年	8		
	5	查阅原始凭证符合审批手续	100%	8		
	6	接受上级财务检查的合格率	100%	8		
工作态度（20%）	1	任务完成情况	认真完成任务	5		
	2	上级指示的遵守情况	认真遵守上级指示	5		
	3	工作汇报	及时、准确地向上级汇报工作	5		
	4	责任感	有责任感，愿意承担更多的责任	5		
工作能力（30%）	1	监督力	具有审核经济业务相关原始票据的真实性、完整性、准确性的能力	8		
	2	把握政策能力	具有正确贯彻执行会计法规、企业会计制度的能力	8		
	3	执行力	正确理解上级工作意图，贯彻落实酒店的各项指示、方针的能力	7		
	4	资料管理能力	具备一定管理财务档案的能力	7		
总计考核得分						

被考核人确认：　　　　考核人确认：

【范例14】

××酒店财务部出纳人员绩效考核表

岗位：出纳　　　　被考核人：　　　　考核时期：　年　月

项目	序号	考核项目	基准目标	分值	达成情况	考核分数
KPI（50%）	1	收银现金收入清点的及时性、准确性	100%及时开启银柜，清点数量，无因核对错误造成金额差错的情形	10		
	2	现金送存银行的及时性、准确性	100%及时、准确	10		
	3	EDC签购单审核	签字齐全、金额正确	8		
	4	EDC结账	无差错	8		
	5	退票票据的更换	及时	8		
	6	各类票据的及时入账和定时收回	及时	8		
	7	收银业务的监督	及时监督、检查，发现问题及时处理、汇报	8		
工作态度（20%）	1	任务完成情况	认真完成任务	5		
	2	上级指示的执行情况	认真执行上级指示	5		
	3	工作汇报	及时、准确地向上级汇报工作	5		
	4	责任感	有责任感，愿意承担更多的责任	5		
工作能力（30%）	1	监督力	具有审核经济业务相关原始票据的真实性、完整性、准确性的能力	5		
	2	把握政策能力	具有正确贯彻执行会计法规、企业会计制度的能力	5		
	3	执行力	正确理解上级工作意图，贯彻落实酒店的各项指示、方针的能力	5		
	4	资料管理能力	具备一定管理财务档案的能力	5		
总计考核得分						

被考核人确认：　　　　考核人确认：

【范例15】

××酒店财务部收银员绩效考核表

岗位：收银员　　　　被考核人：　　　　考核时期：　年　月

项目	序号	考核项目	基准目标	分值	达成情况	考核分数
KPI（50%）	1	结账准确率	100%	6		
	2	被投诉率	每月小于1%	6		
	3	鉴别、拒收假钞率	100%	6		
	4	客人满意度	100%	6		
	5	酒店价格政策的监督、执行	严格遵守	6		
	6	有关财务核算报表填报的及时、准确	100%及时、准确	6		
	7	收入投缴	准确、安全	6		
	8	业务培训及业务考核合格率	达到酒店的要求	4		
	9	岗位外语合格率	100%达到酒店规定的等级标准	4		
工作态度（20%）	1	出勤纪律	没有迟到、早退、请假、病假、离岗、串岗、旷工现象	5		
	2	仪容仪表	严格遵守酒店仪容仪表要求、完全符合本酒店标准	5		
	3	礼仪礼节	严格遵守酒店礼仪礼节规范，没有出现不礼貌的行为	5		
	4	工作效率	任何工作都按时保质、保量完成，且从无怨言、牢骚	5		
工作能力（30%）	1	主动性	总是能够积极主动、精神饱满地去工作	5		
	2	学习能力	按时参加酒店、部门组织的培训，且培训期间无违纪现象	4		
	3	团队协作	无错误，无损坏、偏离标准的行为，从不做重复工作	5		
	4	业务技能	熟练掌握岗位业务技能知识，符合或超越本酒店的岗位职责标准	5		
总计考核得分						

被考核人确认：　　　　考核人确认：

九、月度财务分析

每月月底时，财务经理在进行月度工作总结前，应做好月度财务分析工作，对酒店的整个财务状况进行归纳总结，分析其中的问题，并撰写相关报告，向总经理汇报本月酒店的财务状况。以下提供一范例，供参考。

【范例16】

××酒店月度财务分析报告

××××年10月份财务报告

一、基本经营情况

××××年10月份酒店完成客房销售收入59.9万元，完成月度目标任务64万元的93.6%；完成餐饮销售收入37.1万元，完成月度目标任务39万元的95.1%；计提租赁收入15万元。合计完成销售收入112万元。

二、客房收入情况分析

客房收入与上月相比，比较明显的特点是各种类型的客户收入都有上升，详见下页表。

本月客房收入与上月相比共增加了84997元。

与去年10月份相比较，客房收入减少了18.1万元。

三、餐饮收支情况分析

餐饮收入与上月相比增加8万元，其中自营出品餐费增加6.1万元，增幅38%，是本月餐饮经营突出的亮点。餐饮成本与上月相比增加3.2万元。主要是随着收入增加而增加的成本，成本增幅小于收入的增幅，说明本月成本控制水平比以前有所提高。

餐饮部本月费用列支21万元，与上月相比基本持平。主要是为××会议自助餐购置了碗碟增加了一些费用，但以后还能用上。

餐饮部本月亏损4.2万元（含租金分摊和中央空调费用分摊），比上月亏损8万元减亏3.8万元，是餐饮自营以来经营效益最好的一个月。

四、费用与上月比较分析

10月份酒店产生经营成本20.2万元，与上月成本23.2万元相比，客房成本减少0.1万元，餐饮成本增加4.1万元，减少了月饼成本7万元，综合起来成本减少3万元；产生经营费用（不含装修摊销）82.6

1～10月销售任务完成情况表

	本月任务数	实际完成	完成比例	年度任务数	实际完成数	完成比例
客房收入	64.0	59.9	93.59%	592	540.1	91.23%
餐饮收入	39.0	37.1	95.13%	237	212.7	89.75%
租赁收入	15.8	15.0	94.94%	158	179	113.29%
预算外收入	15.1					
合计	118.8	112.0	94.28%	987	931.8	94.4%

与上月份含早客房收入比较表

		房量	入住率	房价	收入
10	自来散客	260.5	5.8	240.85	62742
	协议散客	478.5	10.66	223.17	106788
	会议客户	1146	25.53	145.89	167192
	团队客户	1311.5	29.22	134.78	176768
	中介客户	194.5	4.33	226.01	43958
	其他客户	337.5	7.52	126.24	42605
	小计	3728.5	83.06	160.94	600053
9	自来散客	266.50	6.18	221.49	59028.00
	协议散客	465.50	10.80	201.47	93782.00
	会议客户	1061.50	24.62	144.38	153260.00
	团队客户	1057.00	24.52	131.52	139020.00
	中介客户	62.50	1.45	210.69	13168.00
	其他客户	414.00	9.60	137.19	56798.00
	小计	3327.00	77.17	154.81	515056.00
差额	自来散客	−6.00	−0.38	19.36	3714.00
	协议散客	13.00	−0.14	21.70	13006.00
	会议客户	84.50	0.91	1.51	13932.00
	团队客户	254.50	4.70	3.26	37748.00
	中介客户	132.00	2.88	15.32	30790.00
	其他客户	−76.50	−2.08	−10.95	−14193.00
	小计	401.50	5.89	6.13	84997.00

万元，与上月经营费用88.8万元相比减少6.2万元。

10月份酒店在人力资源方面的开支为23.5万元。与9月份人力成本24.8万元相比较减少1.3万元。除了减少中秋福利费1.2万元外，其他人力成本基本持平，说明酒店人员结构处于稳定状态。可见在目前情况下，人力成本每月要达到24万元左右才能维持酒店正常运转。

本月固定费用与上月相比几乎无差别。固定费用在不增加设备设施投入的情况下，一般不会产生大的变动。此项费用不受日常经营活动的影响，只有投资活动才会使固定费用产生变化。

10月份酒店变动费用列支24.1万元，与上月变动费用29.2万元相比减少5.1万元。本月在客房入住率上升的情况下，变动成本降低了5.1万元，说明本月成本控制还是比较成功的。

总的来看，本月和上月相比，在收入增加的情况下，成本费用均减少，说明本月的各项经营工作很有成效，经营形势在向好的方面发展。这里有客观有利条件使得成本减低，但更主要的是人的主观能动性发挥出来了，反映在促进收入方面有很大进步。

五、费用与上年同期比较分析

10月份酒店产生经营成本20.2万元，与上年同期成本2万元相比，增加了餐饮成本19.3万元，客房成本减少1.07万元，综合增加18.23万元；产生经营费用（不含装修摊销）82.6万元，与上年同期经营费用80.8万元相比增加1.8万元。

本月人力费用开支23.5万元，上年同期开支人力费用18.2万元，同比增加5.4万元。其中工资方面餐饮部增加76582元，客房前台增加5770元，营销部增加4739元，其他部门增加2011元，这说明本年的员工待遇方面总体上比上年有所提高。

本月固定费用列支48.3万元，上年同期固定费用列支33.2万元，同比增加15.1万元。与上年相比增加了装修摊销，加大了酒店经营压力。

本月酒店变动费用列支24.1万元，与上年同期变动费用29.3万元相比减少5.2万元。

本月不含装修摊销的费用总额为82.6万元，其中餐饮部费用20.9万元，客房部分费用为61.7万元。本月客房收入为60万元，收入与费用基本持平。而上年同期费用总额为80.8万元，客房收入为80万元，收入与费用也是基本持平。可见客房部分的经营难度要高于餐饮部分。特别是两期都未摊销装修投入，如果计算该摊销额，则客房收入很难保本。虽然现在没有以现金交租之时，可以保证现金流畅通，但是不能不看到经营中所存在的危险，摊销是已经投入的本钱，在经营期间是必须要收回来的，必须在成本中考虑到摊销对利润的冲减——不是赚钱，而是收回本钱。一旦需要缴纳租金的话，在回款较快的情况下，以目前收支两抵的形势，继续维持运转还是可以的，但是装修投入就很难收回了。

十、月度工作总结

财务经理在月底要负责编写财务部的本月工作总结，对本部本月工作情况进行统计概括。

（一）完成时间

财务经理每个月的工作总结，一般要在次月5日之前编好。

（二）工作总结的内容

月工作总结，就是把本月已经做过的工作，进行一次全面系统的总检查、总评价，进行一次具体的总分析、总研究；也就是看看取得了哪些成绩，存在哪些缺点和不足，有什么经验和提高。

1.基本情况

工作总结是对自身情况的概述和介绍，有的比较简单，有的比较详细。其主要内容是对工作的主客观条件、有利和不利条件以及工作的环境和基础等进行分析。

2.成绩和缺点

这是工作总结的中心。工作总结的目的就是要肯定成绩，找出缺点。成绩有哪些，有多大，表现在哪些方面，是怎样取得的；缺点有多少，表现在哪些方面，是什么性质的，怎样产生的，都应讲清楚。

3.经验和教训

做过一件事，总会有经验和教训。为便于今后的工作，财务经理须对以往的工作经验和教训进行分析、研究、概括、集中，并上升到理论的高度来认识。

4.今后的打算

根据今后的工作任务和要求，财务经理要吸取前一时期工作的经验和教训，明确努力方向，提出改进措施等。

特别提示：

在撰写工作总结时，财务经理要注意不能一味列举数据，而要作出自己的分析，并结合酒店的实际情况提出改进意见。

（三）撰写总结的注意事项

（1）撰写总结前要充分查找相关材料。最好通过不同的形式，听取各方面的意见，了解有关情况，或者把总结的想法、意图提出来。

（2）一定要实事求是。成绩不夸大，缺点不缩小，更不能弄虚作假。

（3）条理要清楚。总结是写给人看的，条理不清，人们就看不下去，即使看了也不知其所以然。

【范例17】

××酒店财务部6月份工作总结

××××年6月份财务部在酒店领导的具体领导和各部门的密切配合下，主要完成了以下工作任务：

（一）做好了6月份酒店计划安排的各项工作

1.认真做好了5～6月份酒店财务记账凭证和财务核算的内部审核工作，共审核记账凭证××余张，资金达××万元，纠正了错填的记账凭证和财务核算，确保了资金安全，起到了较好的监督和指导作用。

2.继续与各部门配合抓好盘点物资的核对工作，初步共计核对了××种盘点物资，其中：与盘点数核对一致的有××种物资，占总数的××7%；盘盈物资有××7种，占总数的××%；盘亏物资有××种，占总数的××%。盘盈物资中有××种（占总数的××%）物资的品名和规格型号在各部门录入的电脑中找不到。

目前正对每种物资进行复核。

3.由于原材料和设备物资的品种繁多，规格型号比较复杂，明细账登记的工作量相当大，经请示董事长和×××总经理同意另聘请了一人帮助记账，目前记账人员共两人，本月共完成了××笔原材料、设备物资明细账的记账工作，其中：入库发生额××笔，出库发生额××笔。通过手工记账与电脑记账的相互核对，及时发现并纠正了重复录入用友财务软件等方面的部分错误，确保了手工和电脑记账的准确性。

××已经登记了酒店餐饮部××笔材料物资的领用总账，数量达××个单位量，金额达××万元，其中：入库发生额××笔，金额××万元，领用发生额××笔，其中：办公用品和物品××个（件），金额××万元。已经录入电脑的领用明细台账从××××年2月7日到××××年6月25日止，共计发生××笔，部门××个，人数××人，其中：办公用品和物品数量××个（件），金额××万元。做好了出入库的办理手续、物品的回收工作。由于分部门分个人明细台账登记的工作量也非常大，登记明细台账的工作正在进行中。

4.及时做好酒店经营活动的原始凭证的审核记账工作。及时做好对采购合同、到货入库验收单、物资出库单、付款原始单据和往来账款的审核和记账工作。

5.及时核对酒店银行存款、现金日记账的发生额和余额，及时与往来对象核对往来款的发生额和余额，每月的10日以前按时审核并发放员工的工资。

6.合理组织并安排酒店各项资金的支付和各种财务报表的编制上报工作。

7.财务部及时配合酒店各部门认真仔细地做好酒店所购设备及材料的到场情况、价款支付情况和验收入库的登录情况。

8.组织有关财务人员对安全知识、营业税、增值税、个人所得税等有关财务、税收方面的资料进行学习，从而加强业务知识，提高业务技能。

9.及时抓好了日常材料物资原始凭证的传递和录入用友软件的工作，尽量做到向标准化、规范化和及时性、准确性的程度迈进。

10.对酒店从外地聘来的员工其本人已在所属地缴纳“五险一金”的，在酒店缴纳个人所得税基数时，应先进行抵扣后再缴纳个人所得税的问题。由于此项工作量较大，难度和风险也较大，经请示董事长同意此项工作暂缓进行。

11.严格按照酒店的有关规定，完成新招员工按时转正及工资及时补发工作。

（二）完成了酒店领导交办的其他各项工作任务

1.根据×××总经理的安排，以酒店的名义向地税局起草了“关于要求减免和暂缓缴纳营业税的申请”。

2.6月10日因停电无法发放工资，许多员工打电话询问，为了及时告诉实情，稳定民心，用手机短信和黑板报的形式及时向酒店各部门负责人和广大员工及时发放通知予以解释，稳定了广大员工的情绪。

×××酒店财务部

××××年6月30日

随手札记

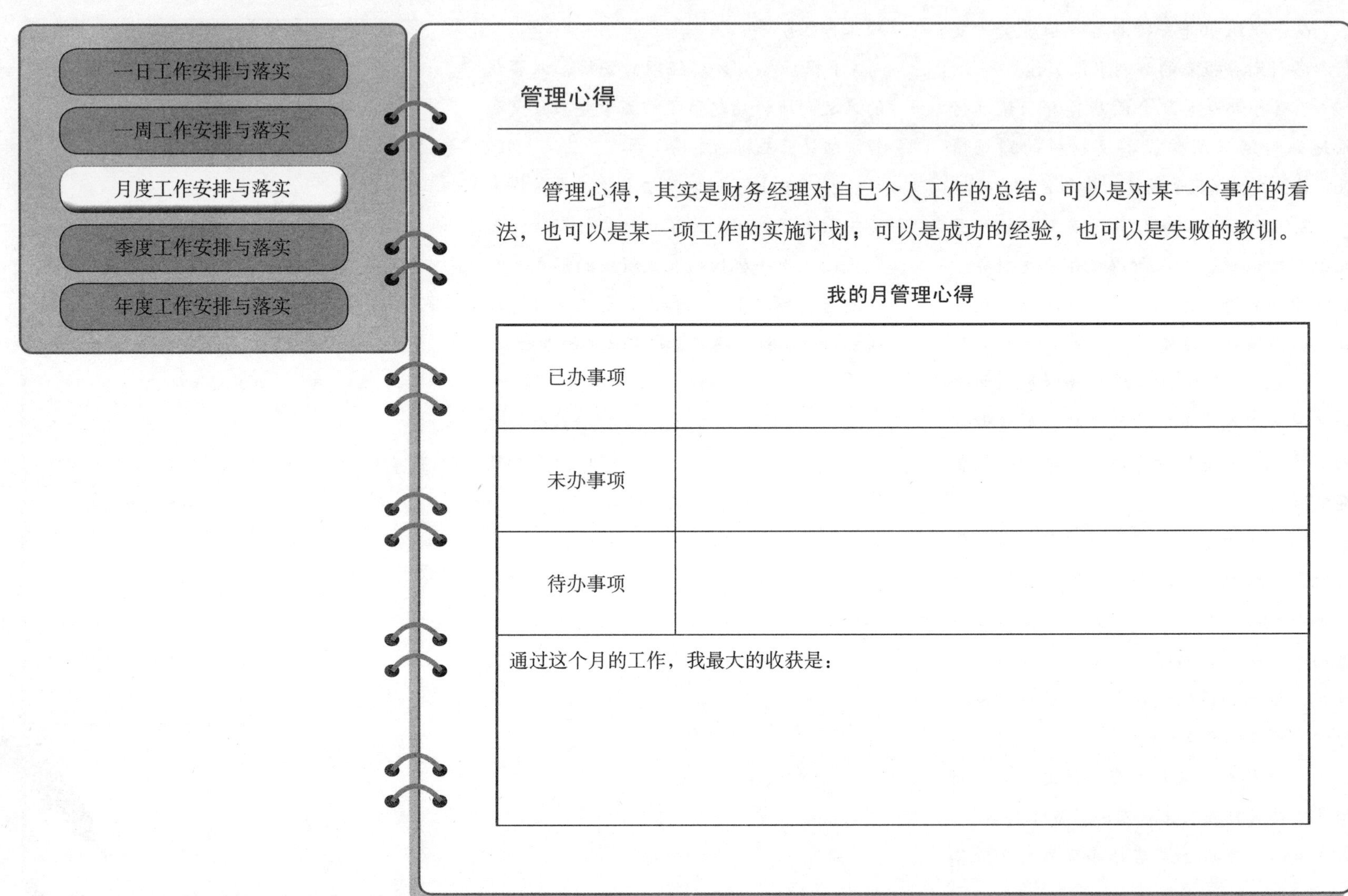

管理心得

管理心得，其实是财务经理对自己个人工作的总结。可以是对某一个事件的看法，也可以是某一项工作的实施计划；可以是成功的经验，也可以是失败的教训。

我的月管理心得

已办事项	
未办事项	
待办事项	
通过这个月的工作，我最大的收获是：	

第四章

季度工作安排与落实

对于季度工作的安排，属于宏观性的，财务经理要对一个季度的重点事项做到心中有数。才能按照季度安排好每月、每周甚至每一天的工作。

作为财务经理，主要是根据财务工作的特点来安排每一个季度的工作，比如说，有的酒店每一个季度要做一次清理挂账，有的酒店是一个月报一次酒店所得税……这些工作有时候要在法律法规规定的时间内完成，而酒店内部，则可能会有一些突发性的事件要处理，不管怎样，要想让自己能够从容应对，就必须事先将每一季度的工作进行合理安排。

一、制订季度工作计划

（一）季度重点工作指引

财务经理可以制定一个季度重点工作指引，将每个季度重点工作大致分列出来。然后再对每一个季度工作进行具体安排，表4-1是某酒店财务经理的季度工作重点指引。

当然，你可以根据自己实际情况来编制一份自己的季度重点工作指引表，见表4-2。

（二）季度工作计划

在确定了每一个季度的重点工作之后，财务经理就要制定具体每个季度的工作计划，在制订工作计划时，可以列一个表，如表4-3所示。

二、酒店备用金管理

（一）制订备用金管理规定

为保证酒店经营活动正常开展，通

表4-1　季度重点工作指引表

季度	重点工作	备注
一	（1）酒店备用金季度清理 （2）融资 （3）季度预算执行情况表编制 （4）清理挂账	
二	（1）第二季度预算执行情况表编制 （2）年中财务状况汇总与分析 （3）上半年工作总结 （4）呆账、坏账的处理	
三	（1）下半年预算的调整 （2）开展内部审计 （3）第三季度预算执行情况表编制 （4）组织财务人员进行与财务有关的法律法规的学习	
四	（1）年度财务盘点工作的组织 （2）会计档案的归档与移交 （3）年度财务分析 （4）年度税务汇算清缴报告和报税 （5）年度预算执行情况表编制 （6）年度报表 （7）年终总结及下年度的安排	

表4-2　我的季度重点工作表

季度	重点工作	备注
一		
二		
三		
四		

表4-3　季度工作计划表

序号	工作内容	阶段目标	目标达成时间			责任人
			一月	二月	三月	
1						
2						
3						
4						
5						
…	……					

随手札记

常会为采购员、各收银点等提供一些备用金，用来处理短期的资金业务，如退还客人住店押金等。备用金是酒店的流动资金，为了加强这方面的管理工作，财务经理有必要制定一套备用金管理制度，来规范所有备用金的使用。以下提供一范例，供参考。

【范例18】

××酒店备用金运用及管理规定

一、备用金使用部门核定标准

1.前台收银　10000.00元（壹万元整）

2.中餐厅收银　500.00元（伍佰元整）

3.总出纳　10000.00元（壹万元整）

4.商务中心　100.00元（壹佰元整）

5.采购员　1000.00元（壹仟元整）

二、备用金申请批准后由领款人办理备用金领款手续，总经理、财务经理、总出纳、领款人在领款书上签字后方可领取备用金。

三、备用金必须实行专人保管、专人负责、谁签字谁负责的原则，要有妥善安全的存放保管地点，不准将备用金私自带离酒店或私自挪用备用金，一旦发现，将收回备用金并按酒店财务制度严肃处理。

四、前台收银备用金运用

前台收银备用金主要用于退还客人预付金，除此之外的每一笔备用金支出都必须报财务经理核准。

1.主管从总出纳处领出备用金后，交当班的收银员保管使用。本班结束后，转交下一班收银继续保管使用。并办理交接手续，点清数额。

2.不得使用营业款退还客人预付金，应持支款单据向备用金保管人员换取支付现金。

3.建立备用金使用登记表，严格遵守交接班当面点清及签收制度。交接不清，记录不详的，在发生损失时，由交接双方共同承担全额赔偿责任。

4.备用金保管人员一旦离开工作岗位，就必须将备用金保管在保险箱中，如不按规定保管，导致遗失或被盗的，除了全额赔偿损失外，还将受到渎职的行政处分。

五、餐厅收银、采购员、商务中心备用金运用

1.餐厅收银的备用金只作找零使用。

2.采购员的备用金作零星现金采购使用。

3.以上部门的备用金，专款专用，不得任意改变用途。

4.建立备用金使用登记表。

六、备用金管理规定

1.备用金保管员私人现金严禁带入工作岗位，核查备用金时，对出现的长、短款，按“长缴短补”的原则执行。

2.收入审计应不定期抽查备用金，并建立“备用金盘点表”。“备用金盘点表”在每次盘点结束后，报财务经理审批，并归档保存。

3.出现下列情况的，将移交保安部门或公安机关处理：

（1）将备用金带出工作场所并挪作他用。

（2）证据表明有偷窃嫌疑的。

（3）利用备用金套取外汇的。

（二）签订备用金保管合约

为了保证备用金的安全，财务经理除了要求员工按照备用金管理制度管理、使用备用金，也可以与他们签订保管合约，以加强员工的责任意识，维护酒店利益。

【范例 19】

××酒店备用金保管合约

我在此确认我从_____酒店处收到现金（大写）人民币贰仟伍佰元作为备用金用于工作。我同意并承诺遵守以下的条款：

1.负责保管好备用金，酒店要求退还或当我的雇佣合同到期时，我必须退还整个备用金。

2.在任何时候，我都将备用金放在保险箱内并保管好保险箱钥匙。

3.在任何时候，备用金库内所有现金的所有权都属于酒店，我只具有工作使用现金的权利。不能将备用金和自己的现金相混淆或用于私人的用途。

4.我同意让酒店财务经理，或指定的受权者在任何时候进行审计，当发现有短款时，我应立即补足短款。

5.在此合约约束力下，我同意在任何时候向酒店提供有关我自己的信息。

6.除了在酒店财务经理授权的情况外，我不能私自转用备用金或备用金任何一部分。

7.每月向财务部递交备用金状况报告。

8.遵守酒店所制定的备用金管理规章制度。

我明白任何错误或违法的使用备用金库，或备用金库内现金的遗失等都将受到酒店有关规章制度的处罚。

姓名：王××、王××、李××

见证人：__________

签名：__________

职位：__________

批准：__________

日期：__________

随手札记

（三）备用金抽查

财务经理应经常对酒店备用金的使用情况进行抽查，将抽查结果填写在“备用金抽查表”中（见表4-4），与实际情况相对照，以便及早发现和解决问题。

特别提示：

备用金清理工作通常一个季度进行一次。清理的目的是既盘活资金，又杜绝公款在账外私存，保证企业资金的安全完整，确保良好的社会效益和经济效益。

三、应对税务检查

税务检查（包括税务稽查），是税务机关根据国家税收法律、法规以及财务会计制度的规定，对纳税人是否正确履行纳税义务的情况进行检查和监督，以充分发挥税收职能作用的一种管理活动。

表4-4　备用金抽查表

抽查地点		抽查日期	
金额面值（元）	数量	金额合计	
100.00			
50.00			
20.00			
10.00			
5.00			
2.00			
1.00			
0.50			
0.10			
总现金金额合计			
具体时间		收银签名	
现金总额		监盘签名	
减：现金收入		收银主管签名	
加：现金支出/补款		收入审计签名	
减：备用金定额		部门经理签名	
长/短：			
长/短款说明：			
其他事项：			

（一）税务检查的内容

税务检查的内容主要包括以下几个方面。

（1）检查纳税人执行国家税收政策和税收法规的情况。

（2）检查纳税人遵守财经纪律和财会制度的情况。

（3）检查纳税人的生产经营管理和经济核算情况。

（4）检查纳税人遵守和执行税收征收管理制度的情况，查其有无不按纳税程序办事和违反征管制度的问题。

（二）税务检查的方法

税务机关进行税务检查时，常用的方法，如表4-5所示。

（三）如何应对税务检查

当税务局要来酒店检查时，财务经理首先要搞清楚，来的是国税局的，还是地税局的，两种税务局的检查要求是不一样的。

1.国税局的检查

如果是国税局的，那就是主要检查增值税及所得税的计交情况，见表4-6。

表4-5　税务检查的方法

序号	方法	内容
1	税务查账	税务查账是对纳税人的会计凭证、账簿、会计报表以及银行存款账户等核算资料所反映的纳税情况所进行的检查。这是税务检查中最常用的方法
2	实地调查	实地调查是对纳税人账外情况进行的现场调查
3	税务稽查	税务稽查是对纳税人的应税货物进行的检查

表4-6 国税局检查的税种及应准备应对的问题

序号	税种	应准备应对的问题与资料
1	增值税	（1）本年度的销售收入 （2）销项税额分月总计 （3）进项税额分月总计 （4）进项税额转出数的分月总计 （5）是否有留抵税额 （6）本年度应交增值税 （7）本年度已交增值税 （8）是否有欠交现象 （9）每个月的进项抵扣联、表 （10）每个月的发票使用明细表 （11）每个月的应交增值税申报表 （12）计算一下本年的税负率（本年应交增值税 ÷ 销售收入） （13）看一下去年全年的税负率 （14）如果今年税负率低于去年的税务率，应该考虑一下原因，并准备一个书面的说明书
2	所得税	根据《中华人民共和国税前扣除办法》对照一下自己酒店的财务情况，主要有以下几个问题： （1）是否有计税工资已提未发现象（如有会让税务局贴作利润而补交所得税） （2）临时工工资问题：按照人数与工资同口径计算

（续表）

序号	税种	应准备应对的问题与资料
2	所得税	（3）向非金融机构借款时的利息率是多少（税务上的标准是6.39%，低于这个标准可按实列支） （4）关联交易是否公允 （5）企业提而未缴的工会费，不得税前扣除（对没有设工会组织的企业，可凭工会专用凭证按标准按实列支） （6）业务宣传问题：没有广告专用发票的广告支出，不能税前扣除 （7）劳保用品：劳保服装按照不超过500元／年·人的标准，现金发放劳保一律不予认可 （8）业务费开支是否超过标准 （9）人均工资支出是否重大异常，是否超过当地税务部门的统一标准 （10）其他应付款和预提费用科目中是否有多计成本费用的现象 （11）其他当地税务部门作为重点检查的内容 （12）是否存在白条入账的情况 （13）对收入、成本、费用是否核算正确

2.地税局的检查

如果是地税局的，那就是主要检查营业税及个人和其他小的税种的计交情况。还有发票的使用及管理情况，见表4−7。

表4-7　地税局检查的税种及应准备应对的问题

<table>
<tr><th colspan="2">税种</th><th>准备应对的问题</th></tr>
<tr><td colspan="2">个人所得税</td><td>(1) 对职工的各项补助是否按正常计入应税所得
(2) 对超过计税工资的部分是否代扣了个税
(3) 每月个税是否按时缴纳？把每个月的纳税申报表汇总装订起来
(4) 对职工的年终奖及单项奖是否代扣了个税
(5) 对于其他非货币性福利是否纳入应税所得
(6) 是否存在以其他发票冲账的情况
(7) 其他应扣应缴的情况</td></tr>
<tr><td rowspan="3">营业税</td><td>文化体育业</td><td>(1) 是否将属于计税营业额的收入挂在往来账目，如：茶艺园保证金、铺位租赁管理费等不申报纳税
(2) 门票收入与赠票是否全额申报纳税
(3) 收取合作企业固定利润分成收入是否申报纳税
(4) 以租赁方式为外单位提供文化活动、体育比赛场所取得的租赁收入是否按“服务业——租赁业”税目申报纳税</td></tr>
<tr><td>旅店业</td><td>(1) 营业收入明细账是否已将所有的经营收入完整登记入账，要与营业收入日报表、收款凭证相核对
(2) 将发票存根联与营业收入账核对，是否将已开出发票但未收到款的营业收入不纳入计税营业额，不申报纳税。如收取长包房租金、包车租金
(3)“营业收入”账户贷方是否以红字冲减旅客住宿使用信用卡结算而支付给银行的信用卡手续费、介绍旅客住宿的费用
(4) 酒店附设的娱乐场所如:歌厅、舞厅、卡拉OK歌舞厅、音乐茶座。台球、保龄球场、游艺场等娱乐场所，向客人收取门票、台位费、点歌费、酒水、饮料和小食品等收费，是否按“娱乐业”税目申报纳税
(5) 酒店附设的收费停车场取得的收入是否申报纳税</td></tr>
<tr><td>饮食业</td><td>(1) 将出纳收银的原始账单（水单）与营业收入日报表和交款凭证相核对，是否瞒报营业收入
(2) 是否出租房屋给外单位经营，取得租金收入未申报纳税
(3) 是否取得与外单位联营的固定利润分成未申报纳税
(4) 酒店业的“坐支”是否申报纳税</td></tr>
<tr><td colspan="2">其他小税种</td><td>包括城建税、教育附加、土地使用税、车船使用税、印花税等</td></tr>
</table>

四、季度账务核查

财务经理应每个季度对财务部所有账务进行一次全面核查，找出问题，及时解决。

（一）核查方法

账务核查方法，如图4-1所示。

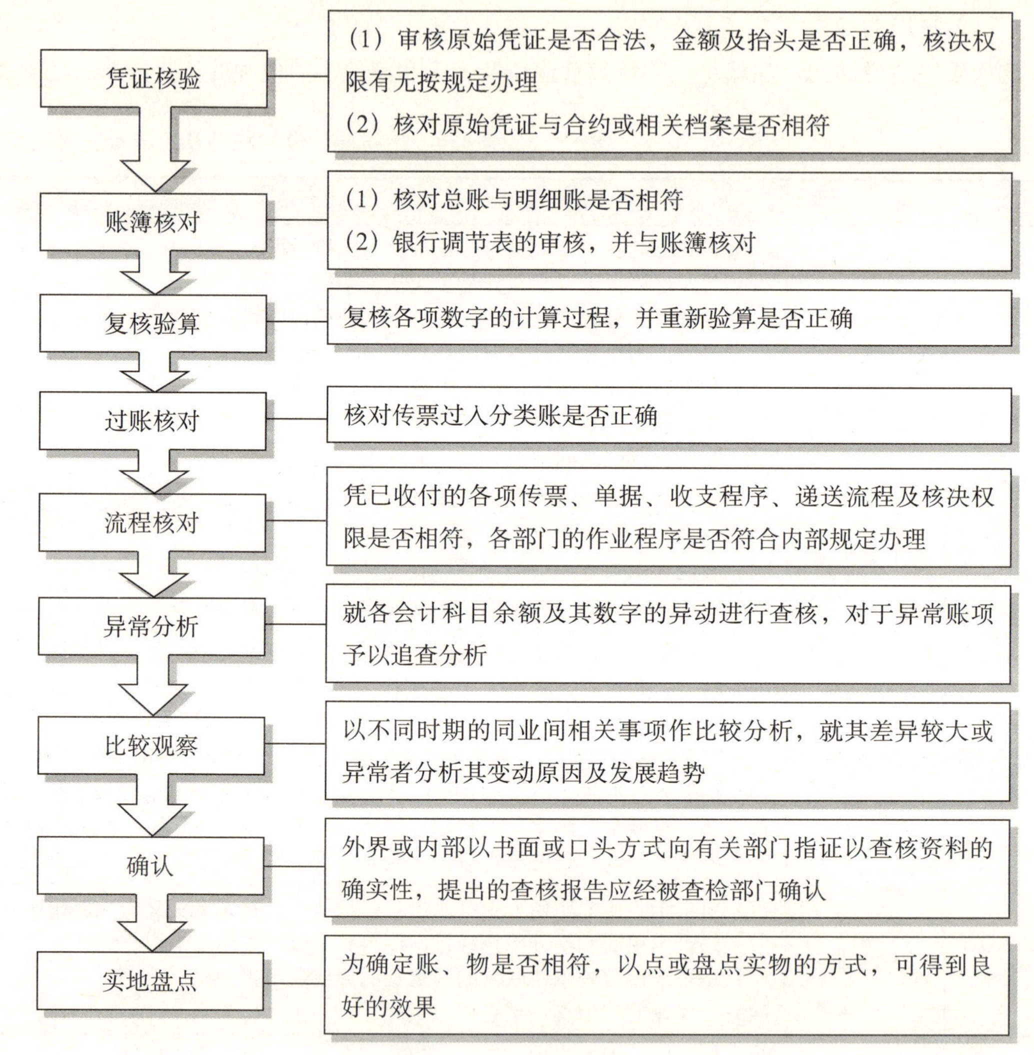

图4-1　账务核查方法

（二）会计凭证核查

核查人员审核会计人员制作的会计凭证，是否由经管不同岗位的会计人员进行复核、签章。会计凭证核查的主要内容有以下几方面。

1.审核原始凭证

原始凭证包括自制的入库单、出库单、调拨单、报销付款单据、回款单据、收入单据、销售小票，以及从外单位取得的发票或收据等。

（1）自制的原始凭证格式是否符合酒店会计核算制度的规定；所反映的经济业务是否符合酒店的财务规定；凭证填写日期与经济业务发生日期是否相符、

单据是否齐全、数据是否准确、是否通过签批。

（2）各种原始凭证内容是否完整、是否列明接受单位名称；凭证的经济内容是否真实，品名、数量、单价是否填写齐全，金额计算是否准确。如有更改，是否有原经手人签字证明。

（3）凡须填写大、小写金额的原始凭证，大、小写金额是否一致，购买实物的原始凭证是否有验收证明（即入库单）。支付款项的原始凭证是否有收款单位或收款人证明或签字。报销凭证的审批手续是否完备、是否经授权审批人签字同意。

（3）如果原始凭证遗失或未取得原始凭证，由原填制单位出具证明作为原始凭证或出具由两个以上经办人员签字证明的原始凭证，出具证明的内容是否合法，是否经查实无重复支付现象。

（4）自制的原始凭证是否有凭证名称、填制日期、收款人名称、付款人名称、部门经理或总经理及经手人签字，金额计算准确、大小写齐全并格式正确。对外开具的原始凭证是否盖有公章及经手人签章。

（5）对不合理、不合法或伪造、变造的原始凭证应严厉查处，按《酒店规章制度》的规定进行处理。票据的填制按《票据管理制度》的规定进行规范。

2.审核记账凭证

（1）记账凭证所附原始凭证是否齐全，内容是否与经济内容相符。对于需单独保管的重要原始凭证或文件，以及数量较多，不便附在记账凭证后面的原始凭证，是否在记账凭证上注明或留复印件等。

（2）记账凭证的制作是否规范；会计科目使用是否准确；借贷方向是否正确。

（3）记账凭证与原始凭证日期是否超过10天；内容、金额是否一致；摘要是否言简意赅，文理通顺，符合要求。

（4）记账凭证的制单、复核，财务经理是否签名盖章；收付款凭证是否有经

随手札记

手人及出纳签名盖章；附件张数是否如实填写。

（5）对调整账目的凭证，要审核调整依据是否充足、金额是否准确；摘要中简要说明调账原因，是否有相关附件。

3.总账及报表核查

财务经理或核查人员应核查会计人员是否每月核对报表、总账、明细账，发现不符或错漏，是否通知相关人员进行更正，是否能保证会计报表的真实、准确、完整、及时。

（三）财产物资核查

1.定期检查现金及银行存款日记账

核查人员应定期核查现金及银行存款日记账，采用实地盘点法，检查库存现金实存数与日记账余额是否相符，有无“白条抵库”、现金收付不入账等现象。银行存款日记账与银行对账单是否相符，如未达账项是否填制银行存款余额调节表，未达账项应查明原因，有无违反银行结算规定的现象。

（1）财务经理每天检查现金、银行账目余额与出纳员自报现金余额数必须一致。

（2）财务经理每周至少抽查三次现金库存，并依抽查盘点情况如实填制“库存现金抽查盘点报告”。

2.参与财务物资清查盘点

核查人员应每年至少参与两次财产物资清查盘点，监督财产清查过程，核对清查盘点表。检查各项财产物资的管理是否按规定执行，是否发现账账不符、账实不符现象，并了解原因。对发生的盘盈、盘亏、报废、毁损等情况，要查明原因，并按规定程序报批后，进行账务处理。

（四）会计档案核查

1.核查人员应检查会计档案

检查会计凭证、账簿、报表及其他会计资料是否按规定定期整理，装订成册，立卷归档。检查会计档案是否专人管理，是否按分类顺序编号，建立目录。会计凭证、账簿、报表封面填写是否完整，有无档案调阅、移交、销毁登记，手续是否齐全。

2.核查人员应检查会计电算化工作

检查是否按规定备份保管，是否有严格的软硬件管理规定并认真执行，是否符合安全保密要求。核查项目标准参照《会计档案管理制度》中的相应规定执行。

特别提示：

核查人员应检查每一份资金贷款合同，对贷款银行、金额、利率、期限、贷款条件等进行审核，并审核资金的运用，是否符合酒店资金管理规定，每季度检查一次是否按期还贷等。

五、酒店融资管理

融资是指酒店根据其生产经营活动对资金的需求数量，采用适当的融资渠道和融资方式，从酒店外部有关单位和个人，或从酒店内部获取所需资金的一种行为，是酒店财务管理的重要内容，是资金活动的起点，因而也是酒店财务经理的重要工作内容。

（一）酒店融资的原因

财务经理主管酒店财务工作，是最清楚酒店财务状况的人，因此要根据酒店情况，分析酒店是否需要融资。一般来说，酒店融资有以下四种原因，如表4-8所示。

表4-8　酒店融资的四种原因

序号	融资原因	具体内容
1	酒店发展的需要	酒店的发展，需要筹集资金。这是指因酒店扩大生产经营规模或追加对外投资而产生的融资动机。具有良好前景，处于成长期的酒店通常会有这种融资需要。因这种需要而产生融资的直接结果，是酒店资产总额和资本总额的等额增加
2	偿还债务的需要	这是指酒店为了偿还某项债务而产生的融资动机，这种融资动机有两种情形：一是调整性偿债融资，即酒店虽有足够的能力支付到期旧债，但为了调整原有的资本结构而举债，使资本结构更加合理；二是恶性化偿债融资，即酒店现有的支付能力已不足以支付到期的旧债，被迫举新债还旧债。因这种需要而产生的融资结果并不会增加酒店的资产和资本总额，它只是改变了酒店的债务结构
3	调整资金结构的需要	资金结构是指酒店各种资金的构成及其比例关系，是由于酒店采用不同筹集方式或不同的融资组合筹集资金而形成的。从总体上看，资金结构具有相对的稳定性。但当酒店的资金结构不合理时，由于在资金结构中任何项目及其比例的变化都会引起资金结构的变动。所以，可以通过采用不同的融资方式筹集资金，积极主动地调整资金结构，使其资金结构趋于合理

（续表）

序号	融资原因	具体内容
4	外部环境变化的需要	酒店的生存和发展是以一定的外部环境为条件的，外部环境的变化，会直接影响酒店生产经营所需的融资总额。比如，国家税收政策的调整会影响酒店内部现金流量的数量与结构，金融制度的变化会影响酒店融资结构，通货膨胀会使原材料价格上涨，从而导致资本需用量的增加等，这些外部环境的变化都会产生新的融资需要

（二）融资数额分析

酒店的资金需要量是酒店融资的数量依据。因而财务经理需要采用一定的方法预测资金的需要量。

酒店资金主要被占用在固定资产和流动资产上，所以在预测资金需要量时，应分别加以测算。酒店固定资产的资金需要量比较稳定，较易把握。在酒店正常的生产经营条件下，主要是对流动资金需要量进行测算。

（三）选择融资渠道与方式

1.企业融资的渠道

企业融资的渠道是指企业筹集资本来源的方向与通道，体现着资本的源泉和流量。融资的渠道有：

（1）政府财政资本——国有企业的来源。

（2）银行信贷资本——各种企业的来源。

（3）非银行金融机构资本——保险公司、信托投资公司、财务公司等。

（4）其他法人资本——企业、事业、团体法人。

（5）民间资本。

（6）企业内部资本——企业的盈余公积和未分配利润。

（7）国外和我国港澳台资本——外商投资。

2.企业融资方式

企业融资方式，是指企业筹集资本所采取的具体形式和工具，体现着资本的属性和期限。目前我国企业融资方式主要有。

（1）投入资本融资。

（2）发行股票融资。

特别提示：

融资渠道解决的是资金来源问题，而融资方式则解决通过何种方式取得资金的问题。它们之间存在一定的对应关系，一定的融资方式可能只适用于某一特定的融资渠道，但同一融资渠道的资本往往可以采用不同的融资方式取得，而同一融资方式又往往可以适用于不同的融资渠道。所以，企业在融资时，应当实现两者之间的合理配合。

（3）发行债券融资。

（4）发行商业本票融资。

（5）银行借款融资。

（6）商业信用融资。

（7）租赁融资。

（四）编制融资计划书

无论财务经理最终选择哪种融资方式，都要编制相应的融资计划书，说明酒店融资的目的、数额、市场环境、回报率等，以供投资方参考，如下例所示。

【范例20】

××酒店融资计划书

第一章　总论

一、消费群体构成

当前，中国大众旅游的发展，异地商务、公务等交流日益频繁，为星级酒店的发展打下广阔的市场基础。中国星级酒店接待的住客，既有国内客人，也有国外客人。据国家有关方面的统计，2010年入境过夜旅游者为××万人次，比上年增长×%；国际旅游（外汇）收入××亿美元，比上年增长×%。国内旅游者为××亿人次，比上年增长×%；国内旅游总收入为××亿元，比上年增长×%。

显然，星级酒店就是为他们服务的。无论是为了商务、公务、会议或者展览，还是为了观光、购物、度假或者是探亲访友，抑或是为了经济、文化、体育等的交流，他们都是酒店的客人。

二、国内目前连锁经济型酒店连锁经营的发展趋势

目前国内有星级酒店×家，客房平均出租率为×%。值得注目的是，星级越低、价格越低的内资星级酒店，反倒出租率越低（其中三星级出租率为×%；二星级出租率为×%；一星级出租率为×%）。其经济效益也不甚理想，其中占星级酒店×%的××家内资酒店，几乎全面亏损，有×个省市的内资星级酒店的平均利润均为负数。

相形之下，中国经济型酒店却是一片光明。另一份正式资料显示，中国经济型酒店，2009年的平均出租率为××%，

随手札记

2010年的平均出租率为×%；2010年的GDP竟然高达××%。

三、项目可行性研究的依据和范围

2010年1~10月全国房地产投资额为××亿元，同比增长×%，增幅与上月持平；商品房施工面积××万平方米，同比增长×%；新开工面积××万平方米，同比增长×%；竣工面积××万平方米，同比增长×%。供应类指标本月累计同比增幅均与上月持平。国家土地供应依然偏紧，存量土地充分释放。1~10月份土地购置面积××万平方米，同比减少了×%；土地开发面积××万平方米，同比增长×%，增幅较上月提高了×个百分点。

四、主要技术经济指标

（略）

第二章　市场调研及前景预测

一、本项目简介：（拟在××市××大厦中二、三层设立××酒店）

××酒店拥有经验丰富的管理团队：××酒店拥有一支高素质，经验丰富的酒店专业人才组成的团队。强大的团队，辅以"××"品牌，对于酒店进行全权管理，一定能够获得应有的成功，并在酒店业占据应有的地位。

二、××大厦优越的地理位置：

（略）

三、周边配套设施完善

（略）

四、国内同行业经济型酒店相关数据比较

（略）

第三章　项目定位

一、项目主题

酒店式公寓和产权式酒店开发商（业主）至少持有项目产权（房间数量）的×%以上，也就是说小业主的总体产权最大不超过××%，并且要求小业主必须把所有产权以反租的形式交还给酒店开发商，酒店集团拥有所有经营权，这样便于集团统一管理。

二、功能定位

××酒店定位中国首家行政商务酒店，酒店内部设置商务信息系统，从单一的酒店住宿、餐饮服务的基础上增加行政商务的拓展服务。具体设置为：对于入住酒店的客人从车站、机场接送，接送到指定客房，酒店设置方便的办公客房可以方便客人进行商务会客与谈判，配备专门的行政人员方便客人的办公。我们组织员工参加商务培训，学习管理理念，体现我们的增值服务。

三、项目建设方案及规划设计定位及价格定位

1.基本设立客房××间，客房平均收费××元/天，则一天的营业额为××元/天，合计一年的房费收入为××元，考虑到其他因素，按房费的××%计算，则一年的房费收入为××元。

2.每年的房费营业额为××万元，则每天的收入为××元/天。

3.每天成本消耗：酒店第一年的投入成本××万元，每天的成本消耗为××元。

4.每天房费的实际收入为：房费收入−成本消耗=××−××=××元。

5.酒店每年的年投资收益率为×%。

四、入市姿态及推广时机定位

1.项目计划融资金额××万元。

2.投资回报年利息××%。

3.投资对象为公司或个人。

4.赠送全国××酒店免费住宿一周（标准间客房），享受××酒店终身入住7.5折扣，以及系列的折扣卡。

5.投资担保人：××酒店。

基本融资设想：计划融资金额为××万元，××酒店共计划设置100间客房，计划将部分房间抵押给投资的融资方，酒店的经营管理权全权委托给××酒店管理、经营、融资方得到规定的年利息的融资回报。

五、销售定位

××市举行的大型会展、商务会议，培训机构场地租用。

六、管理定位

我们期待有投资酒店管理经验的人来投资××酒店这个项目，来和我们共同合作。

第四章 营销策略

一、宣传主题概念

在宣传、设计方面，以一组气势磅礴和经典唯美的自然画面导入，抱定“为顾客提供恒久优质的服务；为员工提供能够充分展示才华的平台；为股东创造不断增长的投资价值，为建立和谐社会贡献更多的力量”的使命，铸造“高雅品位、卓越超群”的企业形象，弘扬优良的企业精神。

酒店的高雅、卓越的品质、各档次的设施及功能，导出酒店设施完善的设置、完美的设施与文化的结合、服务人员的娴熟动作、优美的环境、体贴入微的服务、不同档次不同套房的享受，让客人尽情体验品位生活的无限魅力，目眩神迷中儒雅不凡，俯拾即是，不取诸邻。各种档次的客房，高贵典雅，配套齐备的设施淋漓尽致。海内外贵客、商人接受超值的服务，令贵客享有高人一等的感受。

二、阶段控制的效果

（一）筹建阶段

（略）

（二）外发式宣传策略

（略）

（三）资金计划

（略）

随手札记

第五章　财务评价与社会效益分析

一、盈亏平衡分析

本项目可销售的总面积为××××平方米，由前一章分析得知本项目总建设费用为×××万元，故此，本项目盈亏平衡点为：

盈亏平衡点=总建设费用÷总销售收入=A%

就是说本项目如果实现了A%的入住率，就可以保证本项目的总投资成本全部回收。

二、赢利预测

（略）

三、敏感性分析

假设销售价格不变，单位成本费用增加1%，即每单位成本比拟订单位成本增加1%，开发利润比拟订利润降低1.9%。

因此，销售价格的变动是影响本项目投资风险的最敏感性因素，而本项目的总成本费用的变化也是本项目投资风险的关键所在。

四、社会效益分析

本项目的成功开发，可以改善××市小周边的综合环境，启动社会闲置资金，增加就业率，对促进旅游及消费起到双重积极的作用，同时也为××市经济型酒店的开发和运作提供了宝贵的经验，为××市酒店地产开创了一条新的发展思路。这也是本项目的社会效益所在。

第六章　结论

通过以上的分析和策略，我们发现，项目达到的盈亏平衡点较低，而且，投资收益率高于行业基准收益率，具有较大的投资吸引力。

在项目的投资和开发中，不可预测的风险较少，可控性较强，因此本项目的投资开发无论在市场上、操作上还是在财务上都是可行的。就本项目而言，市场的分析和项目的整体定位，以及项目投资经济分析是基于经验和经济学的角度来定的，符合市场规律及投资经济原理，配以合理的营销手段，实现项目的销售目标，并最终实现本项目的赢利目标将是可以实现的。

六、酒店投资管理

投资决策是酒店所有决策中最为关键、最为重要的决策，投资决策失误也是酒店最大的失误。一个重要的投资决策失误，往往会使一个酒店陷入困境，甚至破产。因此，财务经理的一项极为重要的职能，就是为酒店当好参谋，把好投资决策关。

（一）酒店投资分类

投资活动非常复杂，财务经理可以从不同的角度进行分类。大体有以下几种分类。

1.短期投资和长期投资

按投资期限或投资回收期长短，可将投资分为短期投资和长期投资，见表4-9。

2.金融投资和实物投资

按投资对象存在形式的不同，可将投资分为金融投资和实物投资，见表4-10。

3.生产性投资和非生产性投资

按投资的经济用途，可将投资分为生产性投资和非生产性投资，见表4-11。

表4-9　短期投资和长期投资表

序号	投资类型	内容
1	短期投资	预期在短期（通常是一年内）能收回的各种投资项目，属于短期投资
2	长期投资	长期投资是指投资期在一年以上的各类投资项目。一般来说，短期投资资金周转快，流动性好，风险相对较小，但收益率也较低。长期投资回收期长，短期变现能力较差，风险较高，但长期的赢利能力强

表4-10　金融投资和实物投资表

序号	投资类型	内容
1	金融投资	金融投资是投资者为获取预期收益，预先垫付货币以形成金融资产，并以此获取投资或投机收益的经济行为。在现实经济生活中，金融投资不仅有资本市场的股票、债券、基金、期货、信托、保险等投资形式，还有货币市场的存款、票据、外汇等投资形式，还可以包括风险投资、彩票投资等
2	实物投资	实物投资是投资者为获取预期收益或经营某项事业，预先垫付货币或其他资源（有形资产或无形资产），以形成实物资产的经济行为。实物投资大致可分为固定资产投资、流动资产投资、稀有资产投资等

表4-11　生产性投资和非生产性投资表

序号	投资类型	内容
1	生产性投资	生产性投资是指投入到生产、建筑等物质生产领域，形成各种类型的生产性酒店资产的投资。它一般又分为固定资产投资和流动资产投资。生产性投资通过循环和周转，不仅能收回投资，而且能实现投资的增值和积累

（续表）

序号	投资类型	内容
2	非生产性投资	非生产性投资是指投入到非物质生产领域，形成各种类型的非生产性资产的投资。其中，对学校、办公楼、国防工程、社会福利设施等的投资不能收回，是纯消费投资，其再投资依靠社会积累。对电视台、影剧院、信息中心等的投资可转化为无形资产的经营，可以收回投资，甚至实现投资的增值和积累

（二）酒店常见投资方式

财务经理应充分了解酒店常见的投资方式，以便为酒店选择最合适的方式。

1.债券投资

债券是发行者为筹集资金，向债权人发行的，承诺按照约定时间和利率支付利息，并在到期日偿还本金的一种有价证券。

（1）债券的分类，如图4-2所示。

（2）债券投资收益衡量。债券投资的收益可以通过对债券价值和债权到期收益率的计算来衡量。

（3）债券投资的优点。酒店进行债券投资，本金安全性高，投资收益比较稳定，很多债券具有很好的变现能力。

（4）债券投资缺点。酒店进行债券投资缺点主要是购买力风险较大和债券持有人没有经营管理权。

2.股票投资

（1）股票价值评估。股票评价的主要方法是计算股票的价值，然后和市价相比，根据其高于、低于或等于市价，来决定卖出、买入或继续持有该股票。

（2）市盈率分析。市盈率是股票市价和每股盈余之比，是一种粗略衡量股票价格的方法，表明投资人愿意用盈利的多少倍货币来购买这种股票，是市场对该股票的评价。市盈率也是衡量股价高低和企业营利能力的一个重要指标。

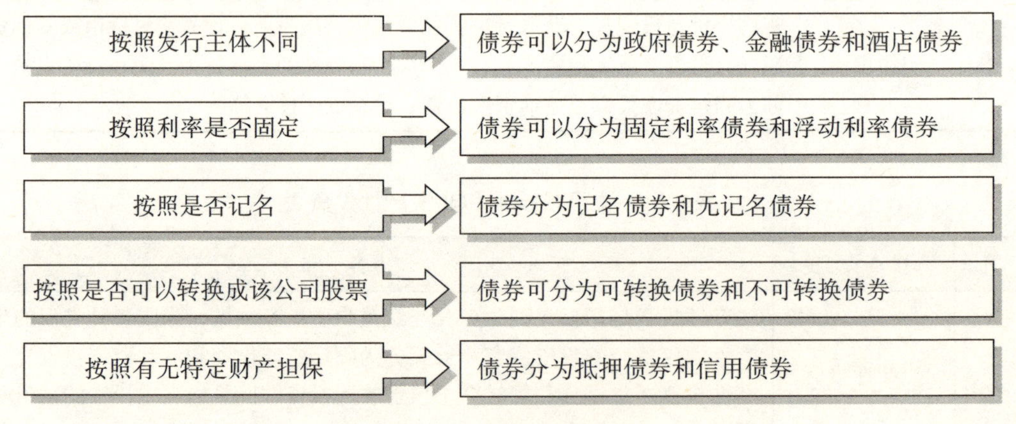

图4-2　债券的分类图

特别提示：

只根据一家公司的市盈率数据进行投资是不准确的，最好取得多家风险相同、业务性质相同或相似公司的市盈率数据，进行分析比较，才能作出比较准确的投资决策。

3.固定资产投资

酒店业是固定资产密集型行业，固定资产投资金额很大，通常占到总投资额的80%左右。

固定资产投资是酒店内部的长期投资，进行投资决策之前，首先要了解固定资产投资的特点。固定资产投资相应具有如下三个特点：

（1）投资金额较大。

酒店进行固定资产投资需要投入大量资金，对酒店的财务状况和现金流量产生很大的影响。

（2）投资回收时间长。

固定资产投资的回收期通常在两年以上，房屋、建筑物的投资回收期更长，需要十几年、甚至几十年才能收回投资。

（3）变现能力差。

酒店的固定资产投资一经完成，是很难变现的。酒店进行固定资产投资的目的不是为了销售，而是为了进行酒店内部的生产经营，投放在固定资产上的资金需要在固定资产的使用过程中，逐渐转移到产成品的价值中，通过产品销售，实现投资的回收。

（三）投资项目评价

不论财务经理选择哪种投资方式，对具体选择的投资项目，都应详加调查和评价，避免因为不够了解而给酒店造成损失。

1.投资决策程序

资产投资决策的程序主要包括以下几个步骤。

（1）估算出投资方案的预期现金流量。

随手札记

（2）估计预期现金流量的风险。

（3）确定资本成本的一般水平。

（4）确定投资方案的收入现值。

（5）通过收入现值与所需资本支出的比较，决定拒绝或确认投资方案。

从程序中可知，估计投资项目的预期现金流量是投资决策的首要环节。实际上它也是分析投资方案时最重要的步骤。

2.现金流量分析

所谓现金流量，在投资决策中是指一个项目引起的酒店现金支出和现金收入增加的数量。现金流量分析从现金流出量、现金流入量和现金净流量三个方面对现金流量进行预估。

3.利润与现金净流量

利润是按照权责发生制确定的，而现金净流量是根据收付实现制确定的，两者既有联系又有区别。在投资决策中，研究的重点是现金净流量，而把利润的研究放在次要地位。

（四）投资项目评价方法

酒店财务经理对投资项目评价时使用的指标分为两类：一类是贴现指标，即考虑了时间价值因素的指标，主要包括净现值、现值指数、内含报酬率等；另一类是非贴现指标，即没有考虑时间价值因素的指标，主要包括回收期、会计收益率等，见表4-12。

表4-12　投资项目评价方法

序号		
1	净现值法	这种方法使用净现值作为评价方案优劣的指标。所谓净现值，是指特定方案未来现金流入的现值与未来现金流出的现值之间的差额 按照这种方法，所有未来现金流入和流出都要按预定贴现率折算为它们的现值，然后再计算它们的差额
2	现值指数法	这种方法使用现值指数作为评价方案的指标。所谓现值指数，是未来现金流入现值与现金流出现值的比率，也称现值比率、获利指数、贴现后收益、成本比率等
3	回收期法	回收期是指投资引起的现金流入累计到与投资额相等所需要的时间，它代表收回投资所需要的年限。回收年限越短，方案越有利
4	会计收益率法	这种方法计算简便，应用范围很广，它在计算时使用会计报表上的数据，以及普通会计的收益和成本观念

七、季度工作总结

季度工作总结是财务经理对本季度的各项工作进行总结，看是否按计划如期完成，对在本季度中存在的一些问题进行分析，并提出解决方案。以下提供一范例，供参考。

【范例 21】

××酒店财务部第一季度工作小结

财务部今年第一季度在酒店领导的关心和其他部门的大力配合下，除完成日常的财务工作外，还主要开展了如下几方面的工作：

一、融资取得成绩

1.融资_________万元

2.项目贷款有所进展

财务部自去年四季度开始，与中国银行、农业银行、工商银行分别进行了审批前的各项充分准备，第一季度农业银行、工商银行已分别就项目向省分行或总行汇报项目情况，并得到充分的肯定，只等项目规划证到位就可进行实质性的报批。

二、完成税务自查

财务部通过对酒店自开业以来税收缴纳情况的清查，分别对各税种的应纳、已纳和未纳数据进行了全面整理，分别计算了各税种欠缴数，并分别制定不同的避税方案，配合税务局的年度自查和税务清查。

三、加强资金预算管理

在资金相对紧张的情况下，财务部加强对资金的预算管理，规范了资金开支严格按预算执行，每天及时上报资金使用及余额情况，将有限的资金使用到急需用的地方，资金控制力度明显加强。

四、充实财务队伍，明确职责分工

1.招聘财务人员

一季度财务部通过面向社会招聘副经理一名，财务人员配备基本到位。同时，在工作中以最快的速度对新进员工进行业务培训和企业文化培训，使其尽快进入工作角色，现已能胜任工作。

2.岗位调整到位

通过新人员招聘，一季度财务部对会计、出纳岗位进行了调整，并对部门各岗位职责进行了重新分工，责任到人，并将日常工作进行了细化，以书面形式列出了每个财务人员应完成的工作，实行一人多岗，责任明确。

随手札记

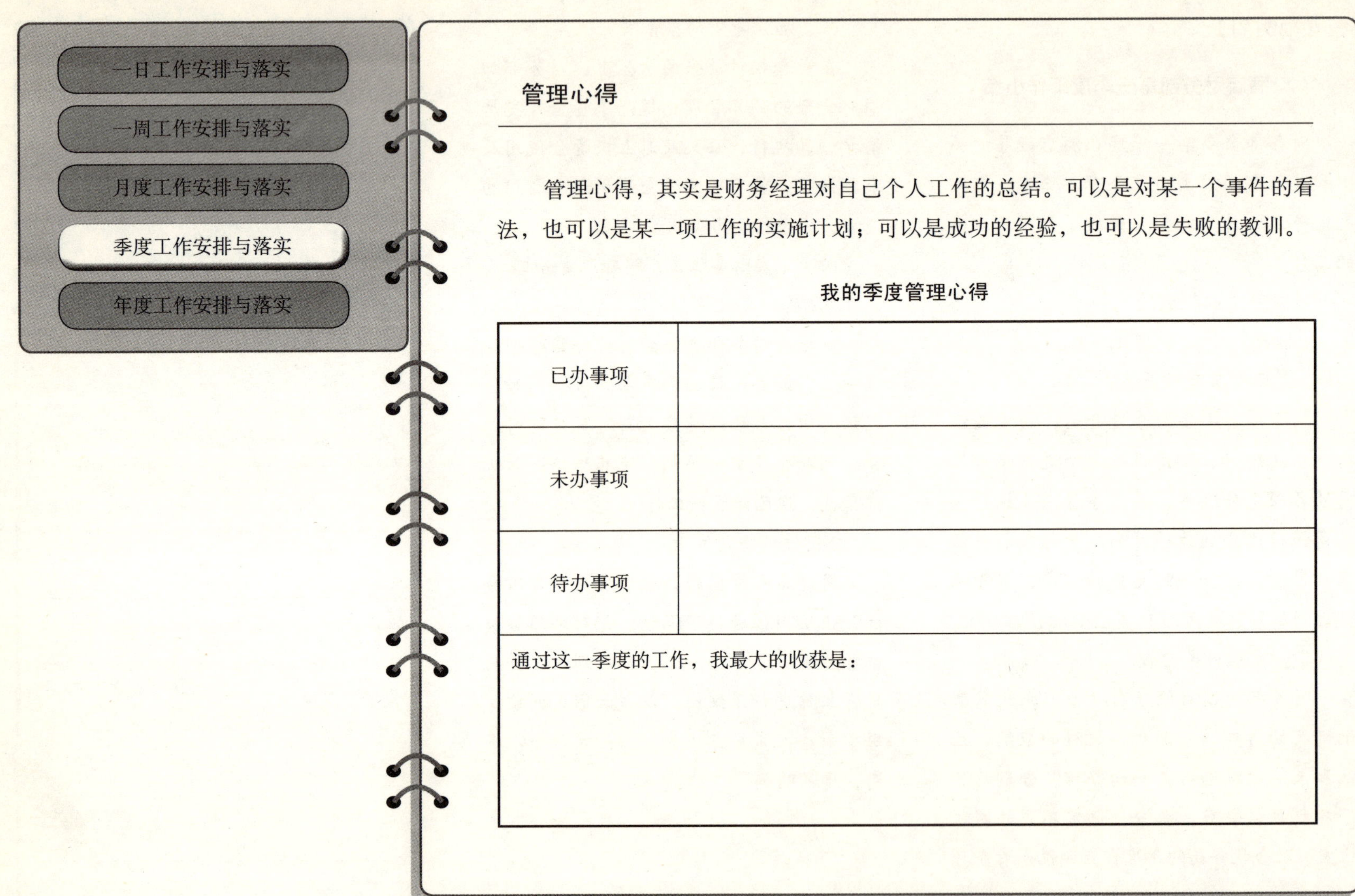

管理心得

管理心得，其实是财务经理对自己个人工作的总结。可以是对某一个事件的看法，也可以是某一项工作的实施计划；可以是成功的经验，也可以是失败的教训。

我的季度管理心得

已办事项	
未办事项	
待办事项	
通过这一季度的工作，我最大的收获是：	

第五章

年度工作安排与落实

年底了，财务部那个忙啊！

走起路来脚底像生风，吃饭像赶火车似的，晚上10:00了，办公室还灯火通明，各位同事还埋头在各种数据之中，连晚上睡梦中，还想着财务报表……

年底的工作事项繁杂，要盘点、要清算、要结账、要收款、要付账；各种报表要汇总，各种会计报告要完成，而且都有规定的完成日期；还有年终绩效考核、年度部门工作总结、个人述职报告……

其实，不用这么忙，只要把工作安排好了，一切都会井然有序，既轻松又高效！

一、制订年度工作计划

每年年初，或者前一年年末，财务经理要做好年度工作计划，对酒店一年的工作进行安排。下例是某酒店年度工作计划，仅供参考。

【范例22】

××酒店财务部年度工作计划

新的一年里，酒店领导班子作出了居安思危，团结进取，开拓创新，提出创建“情满××，舒适家园”的品牌战略，为酒店的发展和经济效益的提高打开了新的突破口。为了增强企业的竞争力，不断提高酒店的经济效益，充分发挥财务部“管家理财”的作用，详细列出了××××年酒店财务部工作计划，我们一定要做好、做细、做新以下工作：

一、抓好员工培训工作，努力使每位员工在业务上、在职业道德上有更大、更新的提高，主要方法是：

1.认真组织本部门员工积极参加酒店各阶段的主题培训，积极参与其他部门的培训和学习。

2.组织好每周一下午后台财务人员的集中学习和每月至少一次的收银员集中学习，学业务，学政策，使财务人员工作计划落实具体，并在学习中总结成绩，找差距。

3.开展技能比武，今年我们将开展收银结账速度比赛、点钞比赛、普通话比赛等一系列技能比武。

二、做好日常财务基础工作，确保酒店经营工作正常运转，我们的主要工作任务是：

1.搞好资金的收集和运用，确保资金安全完整。重点抓外结、抓清欠，加速资金回笼，确保外结资金回笼率为95%以上。

2.严格遵守会计制度，严格按《中华人民共和国会计法》进行核算，严格做好收银稽核工作。按月及时编制好各类报表，搞好月度分析。

3.主动做好各部门间的协调工作，做到遇事有商量，有事不推诿。

4.积极搞好与财政、税务、银行等职能部门的关系，力争他们对酒店的最大支持。

三、加强财务管理，力争在成本费用管理上有新的突破，主要措施有：

1.在酒店财务工作计划中更严明一条：严肃财经纪律，坚持一支笔审批制度，加强成本费用控制，不断完善各项管理制度，做到大支出有计划，小开支有控制。

2.在尽量满足经营需求的情况下，降低整个酒店的存货量。目前，酒店存货达××万元之高，其中有近二十多万元是酒店开业以来的积压工程配件和供货商赠送的酒水，针对这一现状，我们从四个方面着手。第一，我们认真进行物品清理、分类，在半年内与工程部、采购部一起，采取充分利用或退货或变价处理的方式，共同处理好仓库的积压。第二，我们根据酒店的经营需要，测算库存物资的最低库存限额，让仓管人员有规可循。第三，仓管人员在日常工作中一定做到勤清理、勤申报，严格控制，确保酒店存货最低限额存量。第四，我们严格遵守和完善货物出入库手续和仓储保管制度。每月月末对畅销商品和滞销商品有书面说明，认真分析，提出合理建议。总之为减少资金占用，为减少利息支出，为保障前台经营的需要做好仓管工作。

3.我们及时掌握整个酒店的成本费用情况，对各部门原料及物料等耗用情况定期进行分析。今年着重做好餐饮部的毛利率、客房部的物耗、工程部的工程配件耗用的重点分析和专项分析，并将分析情况及时反馈到各部门，为酒店提供真实的成本分析和价格信息，从而及时调整进货价格，减少成本费用支出，为酒店整个物耗成本下降×%及时提供准确、真实的财务依据和分析资料。

让我们在以总经理为首的酒店领导班子的正确决策下，注重细节，从小处节约，从本职做起。××××年酒店财务部工作计划已细分为以上三点，为不受外界因素的影响，全体财务人员齐努力，同心同德，为全面完成酒店各项工作任务，为实现酒店今年的经营奋斗目标而努力工作。

二、制定预算管理制度

每年年初酒店各部门经理都要为本部门制定预算，如餐饮经理要制定餐饮预算，前厅经理要制定前厅预算等。财务部则负责协助各部门开展相应的财务工作，同时要协助酒店总经理制定预算管理制度，为各部门的预算工作提供参考依据和标准。下例是某酒店财务经理制定的预算管理制度，仅供参考。

【范例 23】

××酒店预算管理制度

1.目的

为整个酒店及酒店各部门明确经营目标和任务，作为控制财务活动的依据，及评价考核酒店及其各部门经理人工作业绩

的标准。

2.管理规定

2.1 预算编制为一年一次，预算期间与会计年度一致，预算报表虽以年度为主但也细化至每个月，便于经营成果跟预算相比较。

2.2 酒店的各个部门都要参与预算的编制，财务部门负责审核汇总。

2.3 做好市场预测是编制预算的首要前提。

2.4 为了保证预算工作能够按时完成，由总经理负责提出酒店在预算期内的经营目标和对各部门工作的要求；协调和审查各部门所编制的预算；解决各方面在编制预算中出现的问题；批准最终的预算；经常检查预算的执行情况，促使各部门协调一致，更好地完成预算所规定的目标和任务。

2.5 预算报告内容。

2.5.1 预算分析说明。

2.5.2 财务收支预算。

2.5.3 资本性支出预算。

2.5.4 人工成本预算。

2.5.5 维修保养、能源费用预算。

2.5.6 资金预算。

3.编制程序

3.1 进行市场调研，收集有关资料，并进行分类归集及评价。

3.2 召开预算编制会议，明确预算编制的原则、指导思想及总体经营目标。

3.3 以各部门为基础，编制部门预算草案及说明。

3.4 财务部汇总各部门预算草案及说明，进行初审。

3.5 财务部根据初审结果，若不符合要求直接同部门协调，提请修订；若符合要求或部门拒绝修订提交总经理、财务经理进行复议审批。

3.6 财务经理根据修订、调整的各部门预算，进行全酒店的综合平衡，编制整个酒店的财务预算。

3.7 经各部门经理与财务经理和总经理协商后确定、落实全酒店预算方案。

3.8 各部门将以预算指标为依据，采取措施，相互配合，更好地完成酒店制定的预算目标。

4.编制方法

需参考酒店前1～3年的经营情况及统计数据，分析其中的差异原因，考虑全国及当地经济发展状况，预计酒店今后的发展趋势，为编制预算提供依据。

4.1 财务预算分析说明。

4.1.1 总体情况说明：包括本酒店区域市场地位、竞争情况、提出收入预算的理由及增长情况等营业收入总体情况及原因说明；经营毛利情况及分析说明；净利情况及分析说明；其他必要事项说明。

4.1.2 各部门预算情况说明：包括收入预算详细说明、各单项成本费用说明及其他。

4.1.3 能源消耗预算情况说明。

4.1.4 人工预算情况说明。

4.1.5 非经营费用预算说明。

4.1.6 资本性支出、经营用具采购和特殊维修费用预算说明。

4.1.7 主要税收政策及其他影响净利

润的事项说明。

4.2 财务收支预算。

4.2.1 根据酒店市场的发展趋势、价格水平、市场占有率及各酒店的竞争状况，制订科学的全年客房价格体系和季节性价格和计划，在此基础上进行客房营业收入、出租率、客源比例及房价预算的编制。

4.2.2 制定餐饮营业收入预算，要结合酒店出租率、客人人数及消费水平并考虑结合各种促销手段。针对早、中、晚餐的座位周转率、人均消费水平、具体的季节性餐饮促销计划（如食品节）、不同餐厅不同时间、自身特色等因素进行汇总编制。

4.2.3 其他营业部门收入根据各自的经营活动作出预测，加以归集。

4.2.4 营业成本费用预算是在完成制定营业收入预算的基础上进行的。根据各部门的消耗和支出，通过营业成本、人力费用与其他费用的科目汇集而成。

4.2.5 管理费用的预算编制是酒店管理部门发生的费用及一些应分摊到各经营部门的费用。有些固定费用的发生额可以按相应的公式计算。

4.2.6 酒店营业利润的编制是在收入预算和成本费用预算的基础上编制而成的。全年的利润要达到什么标准，则需要董事会决策层决议而定。

4.3 资本性支出预算。

4.3.1 特殊维修项目投资预算：包括新建项目、改扩建项目、零星工程改造等。

4.3.2 固定资产购置预算。

4.4 人工成本预算

4.4.1 工资总额预算：包括基本工资、岗位工资、绩效工资、工龄工资、特殊津贴、加班费、考勤扣款、年终奖及其他工资性支出。

4.4.2 员工餐预算。

4.4.3 劳动保险费用预算，包括养老保险、工伤保险、医疗保险、失业保险及其他按国家劳动保障部门规定上缴的费用。

4.4.4 员工福利预算。人工预算应当严格按照本酒店每个岗位设置情况、人员配置情况和工资标准情况进行预计。

4.5 维修保养、能源费用预算。

指各部门设备设施维修保养、年检等各项支出。主要包括以下几项：

4.5.1 车辆。

4.5.2 供、配电系统。

4.5.3 供、排水系统。

4.5.4 空调。

4.5.5 锅炉、供气、供热。

4.5.6 电梯、消防。

4.5.7 其他。

4.6 资金预算。

指根据年度财务预算、资本性支出预算、经营用具预算等综合编制的资金筹措和运用预算。主要内容包括：

4.5.1 现金预算，反映年度现金流入、流出、筹措方面的预算。

4.5.2 资金用款计划。

4.5.3 年度预计现金流量表。

三、坏账损失审批

到年底了，酒店财务经理要对所有的应收账款进行一次全面的整理，在整理过程中可能会有一些账款成为坏账，永远都收不回。这时，对可能成为坏账的应收账款，财务经理要按《内部控制制度——坏账损失审批》的规定办理。酒店财务部门对已核销的坏账，应当进行备查登记，做到账销案存。已注销的坏账又收回时，应当及时入账，防止形成账外账。

（一）坏账的确认条件

酒店对符合下列标准的应收款项可确认为坏账：

（1）债务人死亡，以其遗产清偿后，仍然无法收回。

（2）债务人破产，以其破产财产清偿后，仍无法收回。

（3）债务人较长时期内未履行偿债义务，并有足够的证据表明无法收回或收回的可能性极小。

（4）催收的最低成本大于应收款额的款项。

（二）坏账业务的责任人

（1）坏账损失核销申请由业务经办部门提出。

（2）财务部门归口管理核销申请，并对申请进行审核。

（3）坏账损失核销审批，在每年第四季度办理。

（三）坏账损失核销审批程序

坏账损失核销审批程序，如图5-1所示。

1.核销申请报告

（1）搜集证据。经济业务的承办部门（或承办人）应向债务人或有关部门获得下列证据：

——债务人破产证明。

——债务人死亡证明。

——催收最低成本估算表。

——具有明显特征，能表明无法收回应收款的其他证明。

（2）核销申请报告的内容。酒店出

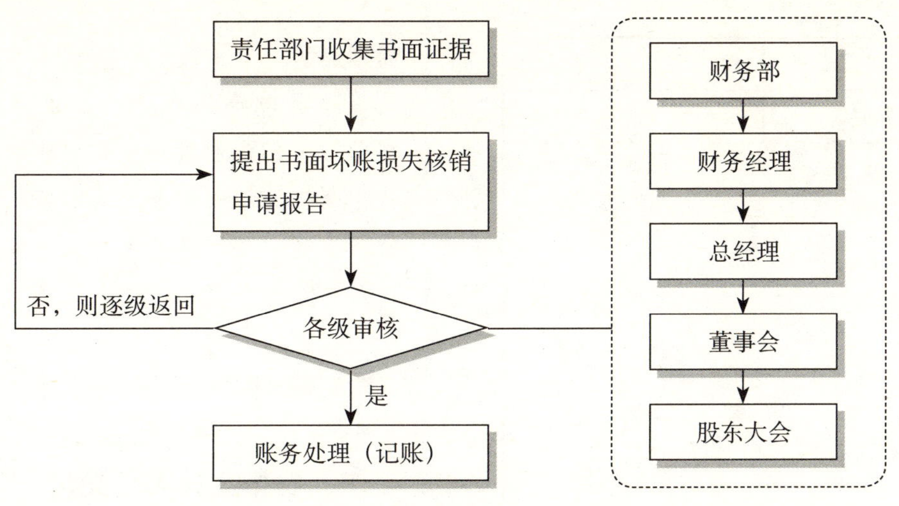

图5-1　坏账损失核销审批程序图

现坏账损失时，在会计年度末，由承办部门（或承办人）向有关方获取有关证据，由承办部门提交书面核销申请报告（见表5-1），书面报告包括以下内容：

——核销数据和相应的书面证明。

——形成的过程及原因。

——追踪催讨过程。

——对相关责任人的处理建议。

2.财务部的核销审批要求

财务经理对坏账损失的核销申请报告进行审核，并提出审核意见，上报总经理审查。财务经理应对申请报告核销申请的金额、业务发生的时间、追踪催讨的过程和形成原因进行核实。然后根据酒店的审核流程逐级呈递上级审批。

表5-1　坏账损失申请书

客户的名称		负责人姓名	
营业地址		电话号码	
申请理由			
不能收回的原因			
财务部意见			
总经理意见			

特别提示：

除已破产的企业外，酒店财务部门、经济业务承办部门和承办人，仍应继续对债务人的财务状况进行关注，发现债务人有偿还能力时及时催收。

（四）坏账处理

（1）财务部根据董事会决议进行账务处理。

（2）坏账损失如在会计年度末结账前尚未得到董事会批准的，由财务经理按酒店计提坏账损失准备的规定，全额计提坏账准备。

（3）坏账经批准核销后，财务部及时将审批资料报主管税务机关备案。

（4）坏账核销后，财务部应将已核销的应收款项设立备查簿逐项进行登记，并及时向负有赔偿责任的有关责任人收取赔偿款。

四、安排会计人员轮岗

（一）轮岗的原则和内容

财务经理应坚持会计岗位轮换不相容职务的原则，要求实行职务分管、职务轮换、内部稽核。具体内容包括：

（1）授权与执行职务分开。

（2）执行与审查职务分开。

（3）保管与记账职务分开。

（4）保管与核对职务分开。

（5）出纳不得兼管稽核、会计档案保管和收入、费用、债权、债务账目的登记。

（二）轮换方式与轮换时间

会计人员岗位轮换方式有整个岗位轮换和岗位部分工作轮换。每两年轮换一次，个别岗位轮换时间视具体情况而定。

（三）轮换办法

轮换办法由财务经理拿出书面意见，报经总经理同意后执行，同时要将岗位轮换后的情况报备人力资源部。

五、会计档案归档

会计年度终了后，财务经理应指导会计人员将装订成册的会计档案进行整理立卷。各种会计档案应按会计档案材料的关联性，分门别类地组成几个类型的案卷，将各卷按顺序编号。

（一）会计档案的范围

会计档案是指会计凭证、会计账簿和

表5-2　财务会计岗位轮换情况计划表

姓名	轮换前的岗位	轮换后的岗位	调出岗位内容	交出印章及物品	调入岗位内容	接收印章及物品	备注

编制：　　　　审批：　　　　日期：

财务报告等会计核算专业材料，是记录和反映单位经济业务的重要史料和证据。

（1）会计凭证类：原始凭证、记账凭证、汇总凭证、其他会计凭证。

（2）会计账簿类：总账、明细账、日记账、固定资产卡片、辅助账簿、其他会计账簿。

（3）财务报告类：月度、季度、年度及中期财务报告，包括会计报表、附表、附注及文字说明。

（4）其他类：银行存款余额调节表、银行对账单、其他应当保存的会计核算专业资料、会计档案移交清册、会计档案保管清册、会计档案销毁清册。

（二）会计凭证的整理

会计凭证于每月装订一次，装订好的凭证按月妥善保管归档。

（三）会计账簿的整理

各种会计账簿年度结账后，除跨年度使用的账簿外，其他账簿应按时整理立卷。基本要求是：

（1）账簿装订前，先按账簿启用表的使用页数核对各处账户是否相符、账页数是否齐全、序号排列是否连续；然后按会计账簿封面、账簿装订封底的顺序装订。

（2）活账页簿装订要求：第一，保留已使用过的账页，将账页数填写齐全，除去空白页和拆掉账夹，用质地好的牛皮纸做封面、封底，装订成册。第二，多栏式活账页、三栏式活账页、数量金额式活账页等不得混装，应按同类业务、同类账页装订在一起。第三，在封面上填好账目的种类，财务经理和装订人签章。

特别提示：

除了以上整理方式，财务经理还应注意，第一，会计账簿应牢固、平整，不得有折角、缺角、错页、掉页的现象。第二，会计账簿的封口要严密，封口处要加盖有关印章。第三，封面应齐全、平整、并注明所属年度及账簿名称、编号，编号为1年1编。

（四）会计报表的整理

（1）会计报表装订前要按编报目录核对是否齐全，整理报表页数，上边和左边对齐压平，防止折角。

（2）会计报表装订顺序为：会计报表封面、会计报表编制说明、各种会计报表的编号顺序排列、会计报表封底。

六、会计档案销毁

年度终了，有可能需要对以往的会计档案进行整理，过期的不需要再保留的档案有可能就要进行销毁。酒店财务经理对这项工作一定要慎重，做好工作安排。

（一）会计档案的保管期限

会计档案的保管期限分为永久保存和定期保存两类。定期保存的会计档案其保存期限从会计年度终了后的第一天算起，分为3年、5年、10年、15年、25年5类（见表5–3）。

表5-3　会计档案的保管期限表

序号	档案名称	保管期限	备注
一	会计凭证类		
1	原始凭证	15年	
2	记账凭证	15年	
3	汇总凭证	15年	
二	会计账簿类		
4	总账	15年	包括日记总账
5	明细账	15年	
6	日记账	15年	现金和银行日记账25年
7	固定资产卡片		固定资产报废清理后5年
8	辅助账簿		
三	财务报告类		包括各级主管部门
9	月、季度财务报告	3年	包括文字分析
10	年度财务报告（决算）	永久	包括文字分析
四	其他类		
11	会计移交清册	15年	
12	会计档案保管清册	永久	
13	会计档案销毁清册	永久	
14	银行余额调节表	5年	
15	银行对账单	5年	

（二）销毁程序

保管期满的会计档案，按照以下程序销毁：

（1）档案管理人员会同有关财务部会计提出销毁意见，编制会计档案销毁清册，列明销毁会计档案的名称、卷号、册数，起止年度和档案编号、应保管期限、已保管期限、销毁时间等内容。

（2）财务经理要在会计档案销毁清册上签署意见。

（3）销毁会计档案时，应由同级档案机构、财政部门和审计部门、税务部门派员监销。

（4）监销人在销毁会计档案前，应当按照会计档案销毁清册所列内容清点核对所要销毁的会计档案。销毁后，应当在会计档案销毁清册上签名盖章，并将监销情况报告本部门负责人。

（三）不能销毁的情况

（1）保管期满但未结清的债权债务原始凭证和涉及其他未了事项的原始凭证，不得销毁，应当单独抽出立卷，保管到未了事项完结时为止。单独抽出立卷的会计档案，应当在会计档案销毁清册和会计档案保管清册中列明。

（2）在建项目尚未完成的会计档案，保管期限已满不得销毁。

国家机关销毁会计档案时，应当由同级财政部门、审计部门派员参加监销。财政部门销毁会计档案时，应当由同级审计部门派员参加监销。

七、开展税务自查工作

酒店要接受税务部门的检查工作，为了使税务检查工作顺利进行，财务经理可以先组织酒店税务自查。通过税务自查，财务经理可以先得知酒店税务状况，避免在接受税务部门检查时出差错，以下提供一范例，供参考。

表5-4　会计档案销毁清册表

档案编号	类别	案卷题名	起止年度	凭证编号	卷内张数	册数	应保管期限	已保管期限	销毁时间	备注

1.部门负责人意见：

2.监销人：（1）档案机构：　　（2）会计机构：

（3）同级财政部门：　　（4）同级审计部门：

【范例24】

××酒店年度税务自查报告

本财务部于××××年5月21日对酒店上年1～12月的账务进行了自查。

纳税人名称：

纳税人识别号：

经济类型：

法人代表：

检查时限：××××年1月1日至12月31日

一、企业基本情况

本酒店系________企业，经营地址：________，主营：________，负责人：________，在册职工工资总额：________。

××××年实现营业收入：________，经营性亏损________元。

二、流转税

1.主营业务收入：本酒店××××年实现主营业务收入________元。

2.营业税：本酒店××××年上缴营业税________元。

3.城市维护建设税：本酒店××××年上缴城市维护建设税________元。

4.教育费附加：本酒店××××年上缴教育费附加________元。

5.地方教育费附加：本酒店××××年上缴地方教育费附加________元。

6.水利基金：本酒店××××年上缴水利基金________元。

三、所得税

本酒店××××年上缴所得税____元。

四、地方各税

1.个人所得税：本酒店职工____人，××××年工资收入________元，个人工资收入未达到个人所得税纳税标准。

2.土地使用税：无

3.房产税：无

4.车船使用税：无

5.印花税：本酒店××××年主营业务收入____元，按0.03%税率应缴印花税____元，账本____本，每本5元贴花，共计____元，合计应缴纳印花税____元。

五、规费基金部分

随手札记

1.本酒店××××年度为个人缴纳了社会养老保险_____，失业保险_______。

2.本酒店××××年缴纳残疾人就业保障金______元。

六、发票使用情况

××××年度本酒店开具了_______本发票。

八、建立酒店ERP管理系统

酒店ERP系统建立流程图，如图5-2所示。

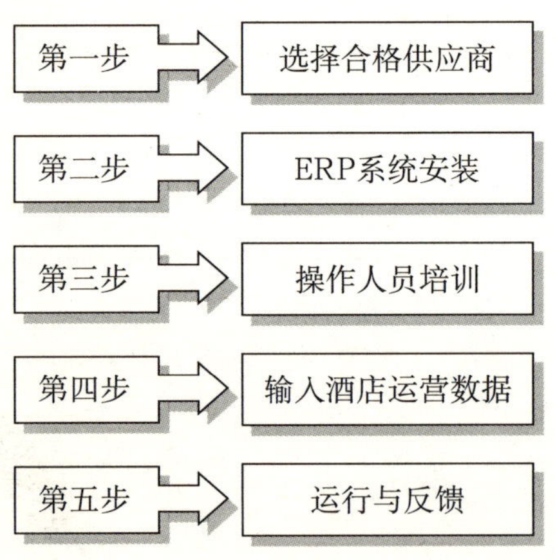

图5-2　酒店ERP系统建立流程图

（一）选择合格供应商

目前国内外主要ERP系统供应商，如表5-5所示：

表5-5　国内外ERP系统供应商

序号	供应商	产品系列	简介
1	用友软件	用友NC、U8.用友通系列	用友软件已形成NC、U8.用友“通”三条产品和业务线，分别面向大、中、小型企业提供软件和服务，用友软件的产品已全面覆盖企业从创业、成长到成熟的完整生命周期，能够为各类企业提供适用的信息化解决方案，满足不同规模企业在不同发展阶段的管理需求，并可实现平滑升级
2	金蝶软件	金蝶K/3.KIS、EAS、IFly移动商务系列	金蝶国际软件集团有限公司是中国第一个WINDOWS版财务软件及小企业管理软件——金蝶KIS、第一个纯JAVA中间件软件——金蝶Apusic和金蝶BOS、第一个基于互联网平台的三层结构的ERP系统——金蝶K/3的缔造者，其中金蝶KIS和K/3是中国中小型企业市场中占有率最高的企业管理软件
3	浪潮集团	浪潮ERP之PS系列、GS系列、E系列	浪潮集团是国家首批认定的规划布局内的重点软件企业，中国著名的企业管理软件、分行业ERP及服务供应商，在咨询服务、IT规划、软件及解决方案等方面具有强大的优势，形成了以浪潮ERP系列产品PS、GS、E三大主要产品
备注：其他酒店ERP系统供应商还有如ORACLE、SAP等公司，酒店财务经理可根据酒店实际情况选择合适的供应商			

附：ERP系统供应商选择标准

ERP供应商选择标准

软件厂商名称		供应商1	供应商2
总项	分项		
综合实力（满分25分）	公司规模介绍（8分）		
	产品和服务市场的综合排名（9分）		
	每年研发的投入能力（8分）		
产品与技术（满分25分）	产品的完整性（6分）		
	软件功能的完善程度（6分）		
	产品整体性能的稳定性（7分）		
	与第三方接口的集成能力（6分）		
行业与合作（满分25分）	是否有资深顾问（6分）		
	行业产品的针对性（7分）		
	软件的价格（6分）		
	成功案例（6分）		
项目实施与维护（满分25分）	项目规划的合理性（2分）		
	实施计划制订的合理性（2分）		
	实施团队的人员数量（3分）		
	维护团队的人员数量（3分）		

（续表）

软件厂商名称		供应商1	供应商2
总项	分项		
项目实施与维护（满分25分）	项目团队的人员数量（3分）		
	项目团队的人员素质（4分）		
	能否提供大规模的有针对性的培训（2分）		
	正常服务的反应速度（2分）		
	异常服务的反应速度（2分）		
	实施技术的文档的规范和完整性（2分）		
总分			

（二）ERP 系统安装

酒店财务经理选择了合适的ERP系统供应商后，应要求其技术人员前来帮助安装系统。

（三）操作人员培训

财务经理应要求供应商对酒店财务人员进行ERP系统操作技能培训，使酒店财务人员熟练操作整个系统。

（四）输入酒店运营数据

财务经理应组织财务部人员按照操作规范，向系统中输入酒店各项运营数据。

（五）运行与反馈

一旦所有酒店运营数据将输入完毕，财务经理就要安排ERP系统正式运营。财务经理应对系统运行进行紧密监控，对出现的问题及时解决。自己解决不了的要通知系统供应商前来解决，并将出现的问题记录在案，以便以后出现同样问题时，财务经理能够组织财务部员工自行解决。

九、签订财务部安全责任书

酒店每个部门要同保安部签订安全责任书，一般部门安全负责人是部门经理，当然也可以安排专门人员负责。财务经理作为财务最高负责人，应慎重对待安全责任书，确保能完全达到责任书中的要求。

【范例 25】

××酒店财务部消防安全责任书

为认真贯彻、执行、实施《中华人民共和国消防法》相关规定，经酒店安全委员会及行政办公室会议研究决定，由担任××××年财务部防火负责人，对财务部消防安全负责。

特此备案

酒店　　　　　　财务部
防火责任人　　　防火责任人
签名　　　　　　签名
年　月　日　　　年　月　日

注：此责任书一式三份，财务部存档一份，责任人一份，保安部一份。如有变动及时更改。

财务部消防安全职责

财务部防火责任人全面组织领导本部门的各项消防安全工作，“预防为主、防消结合”的消防安全工作，体现“安全为了工作，服务必须安全”的安全服务宗旨，认真履行以下职责：

1.认真执行酒店制定的安全规章制度。

2.制定本部门消防安全规定和消防安全服务，操作规程，并负责贯彻落实。

3.确定本部门不用岗位的安全责任人并与之签订安全责任书。

4.针对本部门特点对员工进行消防安全宣传教育。

5.经常性检查电器、开关、线路插座是否正常完好。

6.组织本部门消防安全检查，及时消除安全隐患。

7.在营业时，不得将紧急出口锁住，消防通道及门前不得堆放物品，紧急出口指示灯必须正常。

8.不得把消火栓，灭火器等消防器材挪作他用，并保证消火栓内卫生清洁。

9.不得违章关闭消防设施电源。

10.注意保管好本部门的物品，特别是易燃物品。

11.发生火灾要及时报警和扑救，负责转移物资，保证酒店的财务安全。

12.积极协助保安部处理好各种报警及抢险、救灾工作。

13.在日常工作中，涉及消防安全方面上的问题，要及时通报保安部，重大问题要立即报酒店领导。

随手札记

【范例26】

××酒店安全生产综合目标管理责任书

根据《酒店年度安全生产综合目标管理办法》，酒店安全生产领导小组特与财务部签订安全生产综合管理目标：

一、职工工伤事故

部门员工工伤事故，涉及医疗金额在________元以上为零。

二、火灾事故

部门区域不发生火灾事故，无重大火灾隐患。

三、其他事故经济损失指标

全年无损失________元以上事故发生，全年积累不超过________元。

酒店安全领导小组：　　财务部：

签字人：　　签字人：

年　月　日　　年　月　日

十、年度绩效考核

财务经理在年终时要积极配合人力资源部开展年度绩效考核。年度绩效的考核要以财务部员工每个月的考核分数为参考，并最终形成统计表，在规定期限内提交给人力资源部；如果要评选部门优秀员工的话，更应该将效考核分按从上到下的顺序进行排列。

十一、编制、审核财务会计报告

我国编制财务报告的时间是由国家发布的各行业统一会计制度规定的，一般来说，资产负债表、损益表按月编制，现金流量表和利润分配表等表按年编制，各种附表和财务状况说明书随年报表的要求编制。

表5-6　年度绩效考核统计表

部门：财务部　　考核年度：________年

姓名	岗位	月度绩效分												年度绩效分
		1	2	3	4	5	6	7	8	9	10	11	12	

制表人/日期：　　审批/日期：

（一）财务会计报告的范围

财务会计报告由会计报表和会计报表附注两部分组成。

1.会计报表

会计报表包括资产负债表、利润表及利润分配表、现金流量表及相关附表及其他内部管理需要的报表。

2.会计报表附注

会计报表附注包括但不限于下列内容：

（1）会计核算基本前提的说明。

（2）主要会计政策和会计估计的说明。

（3）主要会计政策和会计估计变更的说明。

（4）或有事项和资产负债表日后事项的说明。

（5）关联方关系及其交易的审查。

（6）重要资产转让及其出售的说明。

（7）公司合并、分立的说明。

（8）会计报表中重要项目的明细资料。

（二）财务会计报告审核

酒店对外财务会计报告须经酒店财务部负责人审核，审核内容包括会计报告内容的真实、准确、完整，会计报表的平衡关系及表与表之间的钩稽关系。

（1）在编制财务会计报表时，对经查实后的资产、负债有变动的，应按照资产、负债的确认和计量标准进行确认和计量，并按照会计制度的规定进行相应的会计处理。

（2）酒店财务部应按会计制度规定的会计报表格式和内容，根据登记完整、核对无误的会计账簿记录和其他有关资料编制会计报表，做到内容完整、数字真实、计算准确，不得漏报或者任意取舍。

十二、年终财务决算

每年年末时，财务经理要对酒店全年预算执行情况进行总结分析，形成决算报告，送交酒店总经理审阅。在报告中，财务经理要详细列举酒店各部门预算完成情况，对出现差错或失误的地方要特备说明，以便为各部门制定来年预算提供有效

随手札记

参考。下例是某酒店年度据算报告，仅供参考。

【范例27】

××酒店年度财务决算报告

一、年末酒店的财务状况

1.期末总资产

酒店期末总资产为49738万元，比上年度增加3254万元。主要原因为酒店增加贷款所致。

与年初比较，酒店资产负债项目主要变动项目及其原因分析如下：

（1）货币资金：余额为4120.48万元，比年初增加3588.48万元，上升674.54%，主要是酒店本年度新增贷款所致。

（2）应收账款：余额为1033.97万元，比年初减少944.29万元，下降47.73%，主要是因为计提酒店租户××公司所欠租金50%坏账准备所致。

（3）预付账款：余额为22.76万元，比年初增加7.76万元，上升51.73%，主要为预付酒店小型装修工程款所致。

（4）其他应收款：余额为2440.22万元，比年初增加2276.48万元，上升1390.31%，主要是本年新增支付××投资有限公司委托管理押金1000万元；新增支付××旅行社往来款600万元；应收处置新设子公司价款492万元等所致。

（5）固定资产：余额为40922.81万元，比年初减少1657.50万元，下降3.89%，为正常计提折旧而使净值减少。

（6）无形资产：余额为20.80万元，比年初减少4.34万元，下降17.26%，为正常摊销所致。

（7）长期待摊费用：余额为33.54万元，比年初减少17.84万元，下降34.72%，为正常摊销所致。

（8）短期借款：余额0元，比年初减少275万元，为偿还借款。

（9）应付账款：余额351.30万元，比年初增加170.08万元，上升93.85%，为本年新增应付××实业有限责任公司空调节能工程费145万元所致。

（10）预收账款：余额49.18万元，比年初增加2.62万元，上升12.90%，为酒店正常经营收取。

（11）应交税费：、余额148.62万元，比年初减少147.38万元，下降49.79%，原因是本年度无须缴纳企业所得税所致。

（12）应付利息：余额253.56万元，比年初增加46.22万元，上升22.29%，原因是计提××公司借款利息47万元所致。

（13）其他应付款：余额为3633.70万元，比年初增加863.16万元，上升31.15%，主要是本年向××营销公司借入1000万元所致。

（14）一年内到期的长期负债：余额为800万元，比年初减少2200万元，下降73.33%，因为酒店年内变更贷款银行，还款条件变更。

（15）长期银行借款：余额为14600万元，比年初增加7200万元，为酒店年内向××银行新增贷款所致。

（16）未分配利润：××本年度亏损2404.16万元，相应减少了所有者权益。

2.期末净资产

酒店期末净资产为28374.04万元。与年初相比，净资产减少了2404.16万元，为本年度酒店亏损。

二、2011年度的经营成果

1.营业收入

本年度酒店营业收入6195.72万元，比上年度减少668.32万元，同比下降9.74%。

其中客房收入3140.85万元，占收入总额的50.69%，比上年减少393.15万元，同比下降11.12%；租赁收入1880.03万元，占收入总额的30.34%，比上年减少149.60万元，同比下降7.37%；餐饮收入639.74万元，占总收入的10.32%；比上年减少128.26万元，同比下降16.70%；食品销售收入72.55万元，占总收入的1.17%，比上年减少12.06万元，同比下降14.25%；其他收入462.55万元，占收入总额的7.46%，比上年增加14.75万元，同比上升3.29%。

2.营业成本

本期营业成本3499.87万元，比上年减少142.32万元，同比下降9.91%。

3.销售费用

本期销售费用298.75万元，比上年减少55.49万元，同比下降15.66%。

4.管理费用

本期管理费用2677.98万元，比上年同期减少520.90万元，同比下降16.28%。

5.财务费用

本期财务费用993.86万元，比上年同期增加24.38万元，同比上升2.51%。

6.投资收益

本期投资收益为-51.02万元，比上年同期减少53.70万元，同比下降2000.41%，主要是因为年内结束对××项目的投资，前期投入的筹办费用计入投资损失。

7.营业利润

本年度酒店营业利润为-2448.43万元，比上年度多亏789.11万元，原因是收入下降及计提欠租户××公司等50%坏账准备所致。

8.营业外收入

本年度营业外收入44.90万元，主要为股东捐赠证券服务月费34.01万元。

9.营业外支出

本年度营业外支出为0.62万元。

10.利润总额及净利润

本年度酒店利润总额为-2404.16万

随手札记

元，净利润为-2404.16万元。

三、酒店的现金流状况

1.年初现金余额

酒店年初现金余额为526.99万元。

2.现金来源（流入）

本年度酒店经营活动产生的现金净流量116.59万元，其中包含：

（1）接受的股东捐赠34.01万元；

（2）收回停车场承包费37.18万元；

3.现金运用（流出）

本年度酒店的现金运用主要为：

（1）资本性支出227.08万元。

（2）偿还银行债务11275.00万元。

（3）偿付贷款利息919.94万元。

（4）支付××公司保证金1000万元。

4.期末现金余额

酒店年末现金余额为4120.48万元。

四、其他需要说明的事项

（略）

××酒店有限公司　财务部

十三、年终工作总结

每年年末时，财务经理要进行财务部年终工作总结，这是财务经理一年中的最后一项工作，主要目的是总结财务部一年中的工作成果、过失等，为下一年度的工作打好基础。

（一）年终总结的要求

1.实事求是

总结必须从本企业、本部门的实际情况出发，反映真实情况，如实总结工作中的成绩、缺点和不足。不能肯定一切或否定一切，只报忧或只报喜（尤其是报喜不报忧）。

2.重点突出

一定要分清主次、突出重点，不能不分详略地平均用笔，像记流水账一样，这样的话，就不能给人以鲜明、深刻的印象，更不能从中得到有益的启示。

3.要进行科学的分析和概括

去粗存精、去伪存真、由此及彼、由表及里。

（二）年终总结的内容

财务经理要根据酒店实际情况，按照相关要求撰写工作总结。总结要如实、客观地反映出酒店实际财务状况。下面提供一个范例，非常有参考价值。

【范例28】

××酒店财务经理年终工作总结

尊敬的酒店领导：

××××年即将结束，本年度在酒店领导的正确领导下，通过财务部全体员工共同努力，较好地完成了各项工作任务，现将本年度的工作总结汇报如下。

一、资金的管理

1.加强前台的收银管理，规范了前台收银操作，制定了前台收银操作规范，对前台收银员进行培训，学习收银操作规范及管理制度，指导收银员对收银软件的操作，确保收银工作的顺利进行，做到了快捷、准确地对客服务。

2.制定了严密的收银管理程序，坚持

了双人投币登记，双人取款，相互稽核，相互监督的双控机制，杜绝了贪污、盗窃的发生，确保了资金的安全、完整。

3.制定了审核员操作规程，设计了审核工作底表，做到了审核工作的有根有据，记录完全，对审核过程中发现的问题及时进行处理，加强了对前台的监督和审核。

4.坚持大额款项的支付一律通过转账支付，做到了营业现金及时存行、入柜。坚持了月月对出纳现金的盘点，保证了资金的安全。做到了账账相符、账实相符。

二、财产物资的管理

1.各部门指派了专门的资产管理员对本部门的财产物资进行登记管理，财务部定期对部门的财产物资进行盘点、清查。

2.坚持申购制度，各部门所需物资必须先申购，经审批后方可购买，避免了重复、浪费。

3.坚持物资购进验收制度。要求对酒店购入的所有有形物资都需验收入库，录入电脑，开具入库单方可结账付款。

4.制定了库房管理办法，加强了库房对酒店物资的管理和责任。

5.制定了废旧物资管理办法，加强了对废旧物资的回收利用，增加了酒店的额外收入。

三、成本费用的管理

1.对各种费用的支出，坚持逐级审核、审批制度，严格按照财务制度的规定进行审核后方可支付。

2.对不合理的成本费用开支，及时向领导提出建议，经集体讨论后进行修正。

四、严格按照财务会计制度、会计准则进行核算，确保核算的真实、准确、完整。及时编制财务报表，编写财务分析，为领导提供决策有用的会计信息。

总之，本年度虽然在酒店的财务工作中作出了一些成绩，但还存在一些需进一步改进的地方，我们争取在来年的工作中做得更好，更上一层楼。

财务部

××××年××月××日

随手札记

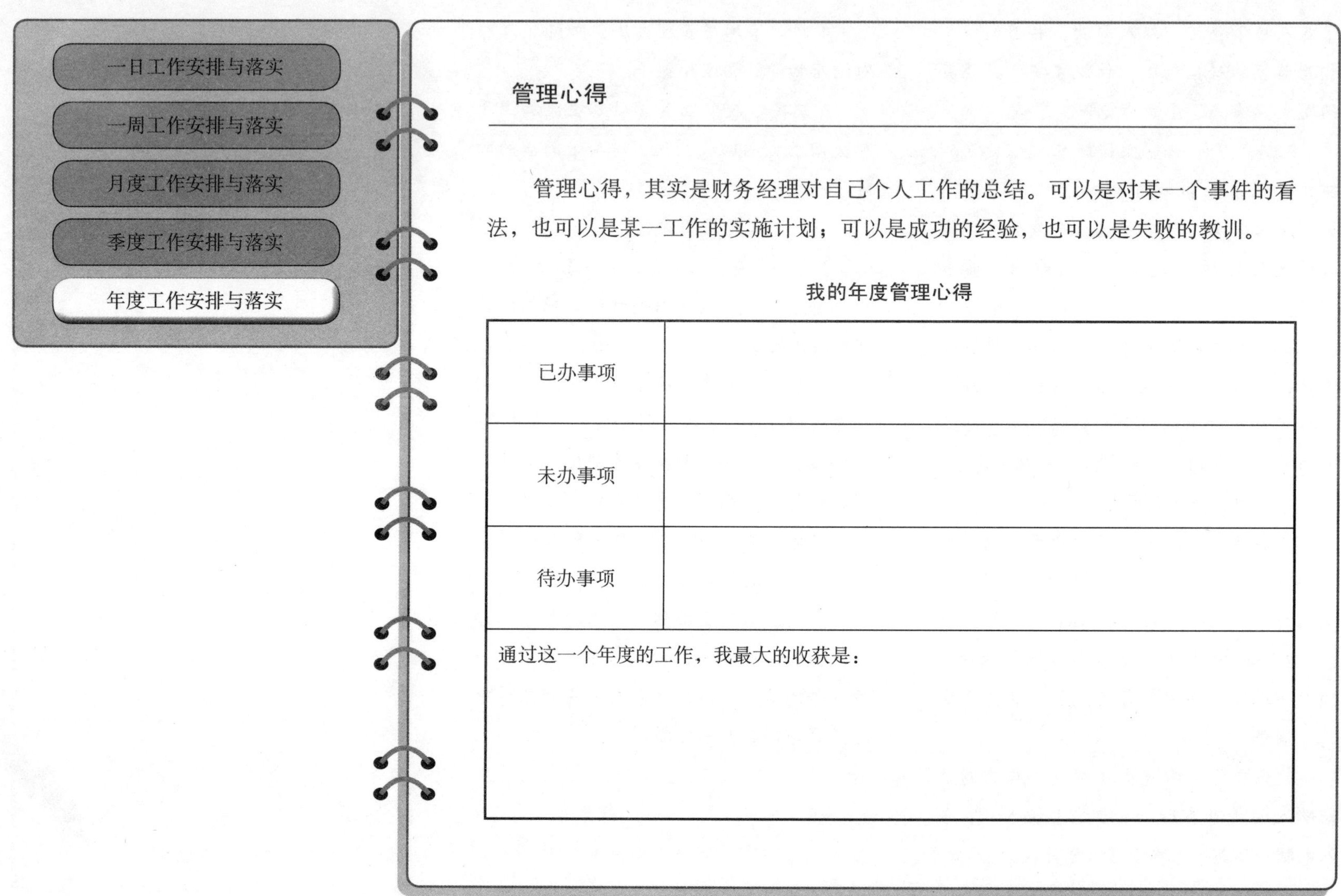

管理心得

管理心得，其实是财务经理对自己个人工作的总结。可以是对某一个事件的看法，也可以是某一工作的实施计划；可以是成功的经验，也可以是失败的教训。

我的年度管理心得

已办事项	
未办事项	
待办事项	
通过这一个年度的工作，我最大的收获是：	

参 考 文 献

[1] 祝锡萍．财务管理基础．北京：人民邮电出版社，2005．

[2] 王美萍．餐饮成本核算与控制．北京：高等教育出版社，2010．

[3] 蒋中权，林洵子．财务管理．北京：经济科学出版社，1996．

[4] 张先治，等．现代财务分析．北京：中国财政经济出版社，2003．

[5] 郭复初．财务管理．北京：首都经济贸易大学出版社，2003．

[6] 星级酒店服务培训指南丛书编委会．星级酒店客房服务员培训．北京：中国时代经济出版社，2006．

[7] 孔秋英．实用酒店培训指南．北京：中国经济出版社，2003．

[8] 钮先钺．酒店营运管理与实务．广州：南方日报出版社，2002．

[9] 戴斌，束菊萍，等．经济型饭店．北京：旅游教育出版社，2007．

[10] [美]米勒，等．餐饮成本控制——21世纪高等院校旅游专业引进教材系列．黄文波，孙超，译．南京：南开大学出版社，2004．

成功经理人工作手册（服务业·制造业1～20册）

◆酒店餐饮经理成长同步指引
◆酒店客房经理成长同步指引
◆酒店前厅经理成长同步指引
◆酒店财务经理成长同步指引
◆酒店营销经理成长同步指引
◆连锁酒店店长成长同步指引
◆商场（超市）店长成长同步指引
◆物业公司经理成长同步指引

◆人力资源经理成长同步指引
◆生产经理成长同步指引
◆品质经理成长同步指引
◆采购经理成长同步指引
◆行政经理成长同步指引
◆仓库主管成长同步指引
◆物控经理成长同步指引
◆财务经理成长同步指引
◆外贸经理成长同步指引
◆销售经理成长同步指引
◆客服经理成长同步指引
◆技术经理成长同步指引

成功经理人365天管理笔记（服务业·制造业1～20册）

“成功经理人365天管理笔记”采用“一日管理＋一周管理＋月度管理＋季度管理＋年度管理”编写风格，图文并茂、形式活泼。内容阅读采用PDCA循环法，通过时间安排、工作重点、管理方法、管理心得四个部分为一个完整循环的学习方式进行导读。

◆酒店餐饮经理365天管理笔记
◆酒店客房经理365天管理笔记
◆酒店前厅经理365天管理笔记
◆酒店财务经理365天管理笔记
◆酒店营销经理365天管理笔记
◆连锁酒店店长365天管理笔记
◆商场（超市）店长365天管理笔记
◆物业公司经理365天管理笔记

◆生产经理365天管理笔记
◆品质经理365天管理笔记
◆采购经理365天管理笔记
◆行政经理365天管理笔记
◆人力资源经理365天管理笔记
◆仓库主管365天管理笔记
◆安全主任365天管理笔记
◆客服经理365天管理笔记
◆销售经理365天管理笔记
◆财务经理365天管理笔记
◆物控经理365天管理笔记
◆班组长365天管理笔记